Impressum

Michael Korotkow
Tatarisch – Wort für Wort
erschienen im
REISE KNOW-HOW Verlag Peter Rump GmbH
Osnabrücker Str. 79, D-33649 Bielefeld
info@reise-know-how.de

© REISE KNOW-HOW Verlag Peter Rump GmbH
1. Auflage 2002
Konzeption, Gliederung, Layout und Umschlagklappen
wurden speziell für die Reihe „Kauderwelsch" entwickelt
und sind urheberrechtlich geschützt.
Alle Rechte vorbehalten.

Bearbeitung & Layout	Claudia Schmidt
Layout-Konzept	Günter Pawlak, FaktorZwo! Bielefeld
Umschlag	Peter Rump
Kartographie	Iain McNeish
Fotos	Michael Korotkow
Druck und Bindung	Fuldaer Verlagsagentur, Fulda

ISBN 3-89416-558-8
Printed in Germany

Dieses Buch ist erhältlich in jeder Buchhandlung der BRD,
Österreichs, der Schweiz und der Benelux. Bitte informieren
Sie Ihren Buchhändler über folgende Bezugsadressen:

BRD	Prolit GmbH, Postfach 9, 35461 Fernwald (Annerod) sowie alle Barsortimente
Schweiz	AVA-buch 2000, Postfach 27, CH-8910 Affoltern
Österreich	Mohr Morawa Buchvertrieb GmbH Sulzengasse 2, A-1230 Wien
Benelux	Assimil Benelux, 13 rue du Congrès, B-1000 Bruxelles
direkt	Wer im Buchhandel kein Glück hat, bekommt unsere Bücher zuzüglich Porto- und Verpackungskosten auch direkt beim **Rump Direktversand**, Heidekampstraße 18, D-49809 Lingen oder über unseren Internet-Shop: **www.reise-know-how.de** Zu diesem Buch ist ein **Tonträger** erhältlich, ebenfalls in jeder Buchhandlung der BRD, Österreichs, der Schweiz und der Benelux.

Der Verlag möchte die **Reihen Kauderwelsch
& ReiseWortSchatz** weiter ausbauen und **sucht Autoren**!
Mehr Informationen finden Sie auf unserer Internetseite
**www.reise-know-how.de/buecher/special/
schreiblust-inhalt.html**

Kauderwelsch

Michael Korotkow **Tatarisch**
Wort für Wort

**REISE KNOW-HOW
im Internet
www.reise-know-how.de
info@reise-know-how.de**

*Aktuelle Reisetipps
und Neuigkeiten,
Ergänzungen nach
Redaktionsschluss,
Büchershop und
Sonderangebote
rund ums Reisen*

Die
REISE KNOW-How Verlag
Peter Rump GmbH
ist Mitglied der
Verlagsgruppe REISE KNOW-HOW

Inhalt

- 78 Floskeln & Redewendungen
- 80 Bitten, Danken, Wünschen
- 85 Zustimmen & Ablehnen
- 86 Das erste Gespräch
- 91 Zeit & Datum
- 95 Zu Gast sein
- 99 Unterwegs
- 115 Auf dem Lande
- 120 Übernachten
- 126 Essen & Trinken
- 135 Einkaufen
- 140 Bank & Geld
- 142 Post
- 144 Telefonieren & Internet
- 148 Zoll & Behörden
- 150 Fotografieren
- 152 Rauchen
- 153 Liebesgeflüster
- 154 Krank sein
- 161 Toilette
- 162 Schimpfen & Fluchen
- 163 Dringende Hilferufe

Anhang

- 165
- 168 Literaturhinweise
- 180 Wörterliste Deutsch – Tatarisch
- 192 Wörterliste Tatarisch – Deutsch
- Der Autor

Kauderwelsch-Sprachführer sind anders!

Warum? Weil sie in die Lage versetzen, wirklich zu sprechen und die Leute zu verstehen. Wie wird das gemacht? Abgesehen von dem, was jedes Sprachbuch bietet, nämlich Vokabeln, Beispielsätze etc, zeichnen sich die Bände der Kauderwelsch-Reihe durch folgende Besonderheiten aus:

Die **Grammatik** wird in einfacher Sprache so weit erklärt, dass es möglich wird, ohne viel Paukerei mit dem Sprechen zu beginnen, wenn auch nicht gerade druckreif.

Alle Beispielsätze werden doppelt ins Deutsche übertragen: zum einen **Wort-für-Wort**, zum anderen in „ordentliches" Hochdeutsch. So wird das fremde Sprachsystem sehr gut durchschaubar. Denn in einer fremden Sprache unterscheiden sich z.B. Satzbau und Ausdrucksweise recht stark vom Deutschen. Ohne diese Übersetzungsart ist es so gut wie unmöglich, schnell einzelne Wörter in einem Satz auszutauschen.

Die **Autorinnen** und **Autoren** der Reihe sind Globetrotter, die die Sprache im Land selbst gelernt haben. Sie wissen daher genau, wie und was die Leute auf der Straße sprechen. Deren Ausdrucksweise ist nämlich häufig viel einfacher und direkter als z.B. die Sprache der Literatur oder des Fernsehens.

Besonders wichtig sind im Reiseland **Körpersprache, Gesten, Zeichen** und **Verhaltensregeln**, ohne die auch Sprachkundige kaum mit Menschen in guten Kontakt kommen. In allen Bänden der Kauderwelsch-Reihe wird darum besonders auf diese Art der nonverbalen Kommunikation eingegangen.

Kauderwelsch-Sprachführer sind keine Lehrbücher, aber viel mehr als Sprachführer! Wenn Sie ein wenig Zeit investieren und einige Vokabeln lernen, werden Sie mit ihrer Hilfe in kürzester Zeit schon Informationen bekommen und Erfahrungen machen, die „taubstummen" Reisenden verborgen bleiben.

Inhalt

9 Vorwort
10 Hinweise zur Benutzung
13 Die Tataren und die tatarische Sprache
16 Karte der Republik Tatarstan
17 Lautschrift & Aussprache
22 Wörter, die weiterhelfen

Grammatik

23 Hauptwörter
26 Dieses & Jenes
27 Eigenschaftswörter
28 Steigern & Vergleichen
30 Ich, du, er & sie
31 Mein, dein, sein & ihr
33 Verben & Zeiten
47 Die 6 Fälle & Beugung
52 Fragen
53 Auffordern & Befehlen
54 Modalverben & -konstruktionen
58 Zusammengesetzte Verben
60 Und, oder & aber
63 In, auf, unter & von
66 Zahlen & Zählen

Konversation

71 Kurz-Knigge
73 Namen
74 Anrede
74 Begrüßen & Verabschieden

Vorwort

Wenn Sie östlich von Moskau reisen, werden Sie neben Russen auch immer mehr Tataren treffen, das zweitgrößte Volk in Russland. In der Republik Tatarstan begegnet einem die tatarische Sprache ständig, sei es auf Ortsschildern, im Radio, im Fernsehen oder in der Zeitung. Dieser Sprachführer soll helfen, den geheimnisvollen Schleier des Tatarischen ein wenig zu lüften.

Vor 1985, unter dem Regime der Kommunisten, war Tatarisch allgemeine Umgangssprache. Während der Gorbatschowschen Reformen ist das Nationalbewustsein aller Völker der Sowjetunion gestiegen, und nationale Sprachen haben eine viel breitere Anwendung gefunden. Diese Entwicklung schreitet stetig voran.

In der Republik Tatarstan selber leben ca. 49 % Tataren und 43 % Russen. Natürlich können sich Touristen mit Russisch gut verständigen und damit rechnen, überall in Russland verstanden zu werden. Wer jedoch einen engeren Kontakt zu den Einheimischen sucht oder mehr von seinem Urlaubsort entdecken möchte, kommt früher oder später nicht an Tatarisch vorbei.

Bei Ihren Bemühungen, die tatarische Sprache zu entdecken, wünsche ich Ihnen viel Erfolg!

Michael Korotkc

Hinweise zur Benutzung

Der Sprachführer „Tatarisch" gliedert sich in die drei wichtigen Hauptabschnitte Grammatik, Konversation und Wörterliste.

Grammatik

Die Grammatik beschränkt sich auf das Wesentliche und ist so einfach gehalten wie möglich. Deshalb sind auch nicht alle Ausnahmen und Unregelmäßigkeiten der Sprache erklärt. Es ist zwar sinnvoll, den Grammatikteil zumindest einmal zu überfliegen, doch können Sie auch sofort mit dem Konversationsteil beginnen und die Grammatik nur zum Nachschlagen verwenden.

Konversation

In diesem Teil finden Sie Sätze aus dem Alltagsgespräch, die Ihnen einen ersten Eindruck davon vermitteln sollen, wie die tatarische Sprache „funktioniert" und die Sie auf das vorbereiten sollen, was Sie später in Tatarien hören werden – denn was man vorher schon einmal gelesen hat, versteht man später viel leichter. Einige wichtige Wörter und Phrasen, die man in Tatarien auch lesen oder auf die man im Notfall zeigen können sollte, sind auch in kyrillischer Schrift wiedergegeben.

Benutzen Sie die Beispielsätze auch als Fundus von Satzschablonen und -mustern, die Sie selbst Ihren Bedürfnissen anpassen.

Wort-für-Wort-Übersetzung

Damit Sie die Wortfolge des Tatarischen in den Beispielsätzen nachvollziehen können, ist eine Wort-für-Wort-Übersetzung in *kursiver* Schrift ergänzt. Jedem tatarischen Wort entspricht ein Wort in der Wort-für-Wort-Übersetzung. Wird ein tatarisches Wort im Deutschen durch zwei Wörter übersetzt, sind diese in der Wort-für-Wort-Übersetzung durch einen Bindestrich verbunden, z. B.:

Ch'äj bor-m‍y?
Tee es-gibt-?
Gibt es Tee?

Werden in einem Satz mehrere Wörter angegeben, die man untereinander austauschen kann, steht ein Schrägstrich.

Restoran/tualet qojda?
Restaurant/Toilette wo
Wo ist ein Restaurant/die Toilette?

Da es im Tatarischen 6 Fälle anstatt der 4 deutschen gibt und ein tatarischer Fall nicht immer dem verwendeten Fall im Deutschen entspricht, ist jedes gebeugte Wort mit der „Nummer" des jeweiligen Falls gekennzeichnet. Nicht gekennzeichnete Hauptwörter, Eigenschaftswörter oder persönliche Fürwörter sind ungebeugt, stehen also im 1. Fall. In dieser Form stehen die Wörter auch in den Wörterlisten.

Bu schähär-dä qunaqchänä-lär küp.
diese Stadt-5 Hotel-Mz viel
In dieser Stadt gibt es viele Hotels.

In der Umschlagklappe finden Sie sämtliche Abkürzungen noch einmal im Überblick.

Wörter oder Wortteile, die in Klammern stehen, können auch entfallen, sind der Deutlichkeit halber aber ergänzt.

Olar äjt-t‍e(-lär).
sie-Mz sagen-BV(-Mz)
Sie haben gesagt.

Hinweise zur Benutzung

Mit Hilfe der Wort-für-Wort-Übersetzung können Sie die Beispielsätze leicht Ihren eigenen Bedürfnissen anpassen, auch wenn das Ergebnis nicht immer perfekt ausfällt.

Wörterlisten Die Wörterlisten am Ende des Buches helfen Ihnen dabei. Sie enthalten einen Grundwortschatz Deutsch-Tatarisch und Tatarisch-Deutsch von je ca. 1.000 Wörtern, mit denen man schon eine Menge anfangen kann.

Umschlagklappe Die Umschlagklappe hilft, die wichtigsten Sätze stets parat zu haben. Hier finden sich schnell die wichtigsten Angaben zur Aussprache und eine kleine Liste der wichtigsten Fragewörter, Richtungs- und Zeitangaben. Aufgeklappt ist der Umschlag eine wesentliche Erleichterung, da man die gewünschte Satzkonstruktion mit dem entsprechenden Vokabular aus den einzelnen Kapiteln kombiniert werden kann.

Wenn alles nicht mehr weiterhilft, dann ist vielleicht das Kapitel „Nichts verstanden? – Weiterlernen!" der richtige Tipp. Es befindet sich ebenfalls im Umschlag, stets bereit, mit der richtigen Formulierung für z. B. „Ich habe leider nicht verstanden." oder „Wie bitte?" auszuhelfen.

Seitenzahlen
Um Ihnen den Umgang mit den Zahlen zu erleichtern, wird auf jeder Seite die Seitenzahl auch auf Tatarisch in Lautschrift angegeben!

Die Tataren und die tatarische Sprache

Das tatarische Volk umfasst mehr als 6 Mio. Menschen, aber nur ca. ein Drittel, weniger als 2 Mio. Tataren leben in der Republik Tatarstan, dem Verwaltungszentrum des Volkes, mit der Hauptstadt Kasan. Der Rest lebt in fast allen Regionen von Russland und in anderen GUS-Ländern, oft in Siedlungen. In Sibirien z. B., 2.000 km von Tatarstan entfernt, finden Sie (seit dem Mittelalter bestehende) Dörfer mit ausschließlich tatarischen Einwohnern. 100.000 bis 200.000 Tataren wohnen in anderen Ländern (Finnland, Türkei, USA, China, Deutschland, Australien u. a.).

Tatarien (oder Tatarstan) ist eine Teilrepublik der russischen Föderation mit einer Fläche von 68.000 km² und knapp 4 Millionen Einwohnern, von der allein auf die Hauptstadt Kasan ca. 1 Million Einwohner entfallen.

die Sprache

Die tatarische Sprache gehört zur Nordwestgruppe der Turksprachen, die östlich der Türkei und Aserbaidschan, hauptsächlich in der ehemaligen Sowjetunion, angesiedelt sind. Die westlichsten Turkvölker sind Gagausen in Moldau und Karaimen in Litauen. Nach Angaben der UNESCO gehört Tatarisch zu den 14 wichtigsten Kommunikationssprachen der Welt! Fast alle Turksprachen sind einander so ähnlich wie etwa Deutsch und Niederländisch. So haben z. B. Soldaten der Turknationalitäten zu Zeiten der Sowjetunion eine Art „Turk-Esperanto" erfunden. Diese Sprache war für alle Turkvölker verständlich.

Die Tataren und die tatarische Sprache

Zur Nordwestgruppe der Turksprachen (Kiptschakisch) gehören neben Tatarisch auch Baschkirisch, Krimtatarisch, Kasachisch, Karakalpakisch, Kirgisisch, Nogaisch, Kumückisch, Karaimisch und Karatschaisch-Balkarisch.

Wenn Sie mit Hilfe dieses Bandes Elemente der tatarischen Sprache beherrschen, können Sie leicht Elemente anderer Turksprachen erlernen: Türkisch, Aserbaidschanisch, Usbekisch, Kasachisch, Jakutisch, Kirgisisch, Uigurisch, Turkmenisch, Baschkirisch …

In der tatarischen Grammatik funktioniert oft vieles genau „andersherum" als im Deutschen. Im Deutschen stehen Verhältniswörter, Artikel, besitzanzeigende Fürwörter *vor* dem Hauptwort. Im Tatarischen sind alle diese Wörter nur Endungen, die an die Stammwörter angehängt werden. Aus diesem Grund können sich im Tatarischen sehr lange Wörter bilden, die im Deutschen ganzen Sätzen entsprechen. Z. B.:

kib^et	(der, ein) Laden
kib^et-lär	(die) Läden
kib^et-lär-^eb^ez	unsere Läden
kib^et-lär-^eb^ez-dä	in unseren Läden
kib^et-lär-^eb^ez-dä-m^e?	in unseren Läden?

Auch der tatarische Satzbau unterscheidet sich grundlegend von dem deutschen. Das Verb steht im Deutschen entweder am Anfang des Satzes (in einem Fragesatz) oder an zweiter Stelle (in einem Aussagesatz). Im Tatarischen jedoch steht das Verb immer am Satzende.

All diese Besonderheiten betreffen nicht nur das Tatarische, sondern auch alle anderen Turksprachen.

Die Tataren und die tatarische Sprache

die Schrift

Die tatarische Sprache wird, wie das Russische und Bulgarische, mit kyrillischen Buchstaben geschrieben. Das tatarische kyrillische Alphabet kennt alle 33 russischen Buchstaben und im Unterschied zum Russischen weitere sechs neu eingefügte Zeichen (ə, ө, γ, җ, ң, һ).

А а	**a, o**	М м	**m**	Щ щ	**schtsch**
Б б	**b**	Н н	**n**	Ъ ъ	**-**
В в	**v, w**	О о	**o, ᵘ**	Ы ы	**y, ʸ**
Г г	**g, gh**	П п	**p**	Ь ь	**-**
Д д	**d**	Р р	**r**	Э э	**e, ᵉ**
Е е	**e, ᵉ, je, jʸ**	С с	**s**	Ю ю	**ju**
Ё ё	**jo**	Т т	**t**	Я я	**ja, jo**
Ж ж	**sh**	У у	**u**	Ə, ə	**ä**
З з	**z**	Ф ф	**f**	Ө, ө	**ᵘ**
И и	**i**	Х х	**ch**	Y, γ	**ü**
Й й	**j**	Ц ц	**ts**	Җ, җ	**sh'**
К к	**k, q**	Ч ч	**tsch, ch'**	Ң, ң	**ng**
Л л	**l**	Ш ш	**sch**	Һ, һ	**h**

In dieser Übersicht ist den tatarisch-kyrillischen Zeichen die Lautschrift gegenübergestellt.

Die tatarische Schrift besteht seit dem 13. Jahrhundert. Bis zum 20. Jahrhundert war sie arabisch, für einen Zeitraum im 20. Jahrhundert lateinisch. Heute haben diese alten Schriften keine Bedeutung mehr.

unbisch

Karte der Republik Tatarstan

Lautschrift & Aussprache

Alle tatarischen Wörter und Sätze werden hier durch eine Lautschrift mit deutschen Buchstaben wiedergegeben. Es gibt im Tatarischen aber viele Laute, die sich von deutschen unterscheiden oder im Deutschen gänzlich fehlen.

ä	wie das englische „a" in „c**a**t", „m**a**n" **isch**ä**k** (Esel)
ch	immer rau wie „ch" in „Bu**ch**" (niemals wie in „i**ch**") **chat** (Brief)
ch'	Sehr weiches „sch". In einigen deutschen Dialekten spricht man „ich" etwa wie „isch" aus, wo „sch" sehr weich ist (nicht wie in „**Sch**ule"). Dieses dialektale „ch" ist genau das tatarische **ch'**. **ch'äj** (Tee), **ch'äch'** (Haar)
e	offenes „e" wie in „B**e**tt" (kommt nur in Lehnwörtern vor) **etasch** (Etage)
ᵉ	geschlossenes „e" wie in „B**ee**t", aber „superkurz"! **t**ᵉ**l** (Sprache, Zunge)
gh	wie „r" in „**R**asen", aber ohne Vibration **gh**a**lim** (Wissenschaftler)
h	„h" wie in „**h**aben", immer deutlich zu hören, niemals wie in „ge**h**en" **häm** (und)

Hier werden nur diejenigen Buchstaben und Buchstabenfolgen aufgeführt, bei denen die Aussprache nicht eindeutig ist. Alle anderen Buchstaben werden wie im Deutschen ausgesprochen.

unsh'idᵉ | **17**

Lautschrift & Aussprache

Im Tatarischen gibt es viele Laute, die im Deutschen fehlen, darum sollen Sie eine gewisse Zeit üben, um diese Laute richtig auszusprechen, sonst wird man Sie nicht verstehen. Üben Sie vor allem die weichen Mitlaute und die „superkurzen" Selbstlaute.

j	wie „j" in „**j**a" **jul** (Weg)
ng	wie „ng" in „si**ng**en" **ung** (recht)
o	offenes „o" wie in „S**o**nne" (nicht wie in „S**o**hn") **oghach'** (Baum)
q	wie „k" in „**K**ralle", aber tiefer im Rachen ausgesprochen **qobat** (wieder)
r	gerolltes Zungenspitzen-R wie im Russischen oder Italienischen **rächmät** (danke)
s	stimmloses „s" wie in „Wa**ss**er" **su** (Wasser)
sh	stimmhaft wie französisches „j" in „**J**ournal" oder „g" in „Eta**g**e" (kommt nur in Lehnwörtern vor) **shurnal** (Zeitschrift)
sh'	Wie **sh**, aber sehr weich, etwa wie das englische „s" in „plea**s**ure", aber noch weicher. Oder versuchen Sie, das **ch'** stimmhaft auszusprechen. **sh'ir** (Erde)
u	„u" wie in „**U**hr" **ul** (er)
ᵘ	wie **u**, aber „superkurz"! **sᵘng** (spät)
ü	„ü" wie in „**Ü**bung" **ütük** (Bügeleisen)
ᵘ̈	wie **ü**, aber „superkurz"! **sᵘ̈t** (Milch)

18 | unsig ᵉz

Lautschrift & Aussprache

v	wie „w" in „**W**asser" (kommt nur in Lehnwörtern vor) **v**itamin (Vitamin)
w	Halblaut zwischen „w" und „u", wie das englische „w" in „**w**here" **w**otan (Heimat)
y	Dieser Laut fehlt im Deutschen. Er klingt etwa wie ы im Russischen, „y" im Polnischen, „î" im Rumänischen oder „ı" im Türkischen. Wenn alle diese Laute Ihnen unbekannt sind, sprechen Sie „y" wie „u" ohne Lippenrundung aus. pos**y**lka (Postpaket), ob**y**j (Onkel)
ᵞ	wie „e" in „dank**e**", aber „superkurz"! q**ᵞ**r**ᵞ**q (vierzig)
z	stimmhaftes „s" wie im „**S**ohn" **z**ur (groß)

Es gibt im Tatarischen keine lange Selbstlaute! Die tatarischen Selbstlaute sind entweder halblang (a, ä, i, o, u, ü, y) oder superkurz (ᵉ, ᵘ, ᵘ̈, ᵞ). Die superkurzen soll man sehr kurz (kaum zu hören) aussprechen, z. B. wie „e" in „gut**e**n".

In einigen Wörtern gibt es lange Mitlaute. Im Deutschen fehlen sie. Bei ihrer Aussprache verharren die Zunge oder die Lippen eine längere Zeit in der Stellung, die für diesen Laut charakteristisch ist. Z. B. im tatarischen Wort oqᵞllʲ (klug) bleibt die Zunge bedeutend länger in der l-Stellung als im deutschen Wort „Welle" (etwa die doppelte Zeit). Man erhält ähn-

Lautschrift & Aussprache

lichen Lautklang, wenn in den folgenden zusammengesetzten Wörtern die Fugen besonders deutlich gesprochen werden: „Rück**k**ehr, Zol**ll**iste, Schwi**mm**meister, Re**nn**nummer, Klap**pp**ult, We**tt**turnen". Im tatarischen Wort älbättä wird -tt- wie im deutschen Wort „We**tt**turnen" ausgesprochen.

Im Tatarischen gibt es keine Diphthonge (Doppellaute). Alle Selbstlaute werden getrennt ausgesprochen, z. B. ghailä (Familie), nicht wie in „S**ei**te", sondern gha-ilä.

Die Kombinationen „st", „sp" stehen selten am Anfang eines Wortes, aber man soll sich erinnern, das sie nicht wie „scht", „schp" ausgesprochen werden. Z. B. im Wort stadion klingt -st- wie in „Herb**st**", und in sport klingt -sp- wie in „We**sp**e".

das Gesetz der Lautharmonie (GLH)

In einem tatarischen Wort können nicht x-beliebige Selbstlaute nebeneinander stehen. Zum Beispiel können in demselben Wort nicht gleichzeitig u und ü oder a und ä, y und i sein.

Die tatarischen Selbstlaute werden in zwei große Klassen eingeteilt: „dunkle" Selbstlaute sind: a, o, u, ᵘ, y, ы, „helle" sind ä, ü, ᵘ̈, ᵉ, i. In einem Wort können nur Selbstlaute einer Klasse sein, z. B. uram, olar, totarlar, jonʸnda (die „dunkle" Klasse); sᵉznᵉng, n̠ärsä, bᵉlän, äjbät (die „helle" Klasse).

Die zweite Regel der Lautharmonie erfasst nur die superkurzen Selbstlaute. Wenn in der ersten Silbe ᵘ steht, kann in den folgenden Silben kein ʸ stehen, sondern nur ᵘ. Genauso verlangt ᵘ̈ in der ersten Silbe ein ᵘ̈ in den folgenden Silben, ᵉ kann nicht dort enthalten sein.

Lautschrift & Aussprache

Diese Regeln sind sehr wichtig beim Erlernen der grammatischen Anhängsel (Suffixe), Partikel und Endungen, die jeweils mehrere Varianten haben, die von den Regeln der Lautharmonie abhängen!

Es gibt aber viele arabische, russische, europäische Lehnwörter, die sich nicht nach dem tatarischen Gesetz der Lautharmonie richten, so zum Beispiel kitap (Buch), dünja (Welt), telefon u. a. In solchen Wörtern hängt die Form der grammatischen Teilchen von der letzten Silbe ab.

Betonung

In der Regel werden tatarische Wörter auf der letzten Silbe betont.

uram	Straße	**siksän**	achtzig
olma	Apfel	**bilän**	mit

Bekommt das Wort Endungen, verschiebt sich die Betonung an das Ende des Wortes:

uram	Straße	**uramnar**	Straßen
olma	Apfel	**olmalar**	Äpfel

Es gibt aber ziemlich viele Ausnahmen: Z. B. haben alle Fragefürwörter die Betonung auf der 1. Silbe: qojda (wo), närsä (was) u. a. Personalendungen in Verben sind oft unbetont: borasyng (du gehst). Europäische und russische Lehnwörter haben die ursprüngliche Betonung: televizor (Fernseher), vaza (Vase).

Es gibt auch andere Ausnahmen, sie sind in der Lautschrift immer durch Unterstreichung gekennzeichnet.

Wörter, die weiterhelfen

Manchmal braucht man in der Fremde nur ein paar wichtige Schlüsselwörter, die einem helfen, sich zurechtzufinden.

Gibt es ...?

In den folgenden Beispielen kann man die „Lücken" einfach durch Wörter aus den Wörterlisten ersetzen, ohne diese zu verändern.

S^ez-dä ... b<u>o</u>r-m^y?	M^unda ... b<u>o</u>r-m^y?
ihr-S ... es-gibt-?	*hier ... es-gibt-?*
Haben Sie ...?	Gibt es hier ...?

oschaml^yq	Essen
awt<u>o</u>bus	(einen) Bus
bülmä	(ein) Zimmer

Äjj^e, bor.	Juq.
ja, es-gibt	*nein*
Ja, es gibt.	Nein (gibt es nicht).

Wo ist ...?

... q<u>o</u>jda?
... wo
Wo ist ein/eine ...?

apt<u>e</u>ka	Apotheke
bank	Bank
awt<u>o</u>bus	Bus
magazin, kib^et	Geschäft
gost<u>i</u>nitsa, qunaqchänä	Hotel
p<u>o</u>ch'ta	Post
telef<u>o</u>n	Telefon

22 | j^egerm^e ik^e

Ich brauche ...

Minga ... kiräk.
ich-4 ... nötig
Ich brauche ein/eine ...

ikmäk, ipi	Brot	bilet	Fahrkarte
bülmä	Zimmer	bu	das da

Hauptwörter

Im Tatarischen haben Hauptwörter (Substantive) eine Ein- und Mehrzahl, sie können auch (wie im Deutschen) gebeugt werden.

Artikel

Im Tatarischen gibt es weder bestimmte („der, die, das") noch unbestimmte Artikel („ein, eine"). So kann z. B. kitap „ein Buch", „das Buch" oder einfach nur „Buch" heißen.

grammatisches/natürliches Geschlecht

Die Hauptwörter, die „unbelebte" Gegenstände oder Abstrakta bezeichnen, haben im Tatarischen kein grammatisches Geschlecht (männlich/weiblich/sächlich).

Jedoch wird bei Hauptwörtern, die Lebewesen (Menschen/Tiere) bezeichnen, das

Hauptwörter

natürliche Geschlecht gekennzeichnet, indem für weibliche Lebewesen entweder die Endung -a/-ä an die männliche Bezeichnung angefügt wird oder aber die Bezeichnung für das weibliche Lebewesen eine ganz andere ist, z. B.:

mᵘghällim	Lehrer	mᵘghällimä	Lehrerin
schoghir	Dichter	schoghirä	Dichterin
student	Student	studentka	Studentin
ügᵉz	Bulle	sᵛjᵛr	Kuh
ätäch'	Hahn	towᵛq	Huhn

Oft werden die betreffenden Hauptwörter auch mit einem geschlechtsspezifischen Wort zusammengesetzt, z. B.:

Damit die einzelnen Wortteile, die Sie in den nächsten Kapiteln kennen lernen werden, durchschaubar bleiben, werden diese in der Lautschrift durch Bindestriche getrennt dargestellt!

uqᵛtuch'ᵛ *Lehrer*	Lehrer
uqᵛtuch'ᵛ chotᵛn *Lehrer Frau*	Lehrerin
uquch'ᵛ *Schüler*	Schüler
uquch'ᵛ qᵛz *Schüler Mädchen*	Schülerin
sorᵛq täkä-sᵉ *Schaf Männchen-sein*	Hammel
sorᵛq *Schaf*	Schaf
ota mäch'ᵉ *Vater Katze*	Kater
mäch'ᵉ *Katze*	Katze

Mehrzahl

Die Bildung der Mehrzahl (Plural) ist im Tatarischen einfacher als im Deutschen. Erstens verändert sich der Stamm niemals, also nicht, wie das im Deutschen oft der Fall ist (z. B. „Haus/Häuser"). Zweitens gibt es nur eine Endung in vier Lautvarianten (Gesetz der Lautharmonie!): -lar/-lär/-nar/-när. Die Variante mit -n- (-nar/-när) haben Wörter, die auf -m, -n oder -ng enden. Alle anderen haben die Endungsvariante -lar/-lär.

qul	Hand	qul-lar	Hände
bola	Kind	bola-lar	Kinder
uram	Straße	uram-nar	Straßen
küz	Auge	küz-lär	Augen
k^{u}n	Tag	k^{u}n-när	Tage

Oft kommt man jedoch auch ohne die Mehrzahlendung -lar/-lär/-nar/-när aus, da die Mehrzahl oft schon aus dem Textzusammenhang erkannt wird. Das ist immer dann der Fall, wenn vor dem Hauptwort eine Zahl oder eine andere Mengenangabe steht:

bisch kitap	**un bisch k^{u}n**	**küp uram**
fünf Buch	*zehn fünf Tag*	*viel Straße*
fünf Bücher	fünfzehn Tage	viele Straßen

Dieses & Jenes

Die hinweisenden Fürwörter (Demonstrativpronomen) stehen immer vor dem Hauptwort, auf das sie sich beziehen. Sie sind unveränderlich. Es gibt keine Mehrzahlformen und keine Fälle. Ein hinweisendes Fürwort wird also auch dann nicht gebeugt, wenn das Hauptwort, auf das es sich bezieht, in einem anderen Fall als dem 1. Fall steht.

bu, schusch^y	diese(r, -s)
ul, t^eg^e	jene(r, -s)
m^undyj, ondyj, schundyj	so eine(r, -s)

bu schähär
diese Stadt
diese Stadt

bu schähär-lär
diese Stadt-Mz
diese Städte

t^eg^e j^urt
jenes Haus
jenes Haus

t^eg^e j^urt-lar
jenes Haus-Mz
jene Häuser

m^undyj kitap
so-ein Buch
solch ein Buch

m^undyj kitap-lar
so-ein Buch-Mz
solche Bücher

Eigenschaftswörter

Da die tatarischen Hauptwörter kein grammatisches Geschlecht haben, sind auch die Eigenschaftswörter (Adjektive) unveränderlich. Auf deutsch heißt es „*großer* Baum", „*große* Familie", „*großes* Haus", „*große* Kinder", auf Tatarisch lautet es unverändert zur (groß).

motur il	**motur il-lär**
schönes Land	*schönes Land-Mz*
ein schönes Land	schöne Länder

Die Eigenschaftswörter stehen vor dem Hauptwort, auf das sie sich beziehen.

Mit einem Eigenschaftswort und einem Hauptwort kann man schon einen ersten Satz bilden, und zwar Sätze, die im Deutschen mit dem Tätigkeitswort „sein" gebildet werden. Das Eigenschaftswort ist dem Hauptwort dann nachgestellt.

J^urt äjbät.	**J^urt-lar äjbät.**
Haus gut	*Haus-Mz gut*
Das Haus ist gut.	Die Häuser sind gut.

Im Tatarischen wird hier kein Verb (Tätigkeitswort) benötigt.

Farben

oq	weiß	ol, olsu	rosa
sor^y	gelb	schämächä	violett
q^yzgh^ylt sor^y	orange	q^yzgh^ylt k^ürän	braun
q^yz^yl	rot	s^ur^u	grau
zänggär, kük	blau	qora	schwarz
jäsch^el	grün	ch'uwar	bunt

Steigern & Vergleichen

Eigenschaftswörter können im Tatarischen mit Hilfe von Endungen und Wörtern, die eine Steigerung ausdrücken, gesteigert werden.

steigern

Die 1. Steigerungsstufe (Komparativ) wird gebildet, indem man die Endung -raq/-räk (GLH!) an das entsprechende Eigenschaftswort anfügt. Auch das gesteigerte Eigenschaftswort ist vor einem Hauptwort unveränderlich.

jäsch	jung
jäsch-räk	jüng-er

Der Bindestrich wird im Kyrillischen nicht geschrieben, er ist hier nur der Deutlichkeit wegen ergänzt.

jäsch qyz
jung Mädchen
junges Mädchen

jäsch-räk qyz
jüng-er Mädchen
das jüngere Mädchen

Auch wenn das Eigenschaftswort gesteigert ist, kann man es einem Hauptwort nachstellen und dadurch einen Satz bilden, für den man im Deutschen das Verb „sein" benötigt.

Bu külmäk qysqa-raq.
dieses Kleid kürz-er
Dieses Kleid ist kürzer.

Die 2. Steigerungsstufe (Superlativ) besteht aus dem Wort ing („am meisten") und dem gewünschten Eigenschaftswort:

Steigern & Vergleichen

ing ᵘzᵘn **ing motur**
am-meisten lang *am-meisten schön*
der/die/das längste der/die/das schönste

Einen vollständigen Satz kann man mit dem gesteigerten Eigenschaftswort und dem nachgestellten zugehörigen Hauptwort bilden.

Ing motur qʸz – Sälimä.
am-meisten schönes Mädchen Sälimä
Das schönste Mädchen ist Sälimä.

Beachten Sie: Die beiden Wörter werden zusammen wie ein Wort ausgesprochen. Die Betonung liegt auf ing, *das Eigenschaftswort* (ᵘzᵘn, motur) *ist nicht betont. Der Gedankenstrich im nächsten Satz deutet eine Sprechpause an.*

vergleichen

Zwei in ihrer Eigenschaft gleiche Hauptwörter werden verglichen, indem sie mit häm (und) verbunden werden, bᵉrdäj (gleich) wird nachgestellt, es folgt das Eigenschaftswort:

Olsu häm Sälimä bᵉrdäj motur.
Olsu und Sälimä gleich schön
Olsu ist (genauso) so schön wie Sälimä.

Zwei in ihrer Eigenschaft unterschiedliche Hauptwörter werden verglichen, indem beide Hauptwörter nebeneinander gestellt werden und das Eigenschaftswort nachgestellt ist. Das 2. Hauptwort wird im 6. Fall gebeugt, das Eigenschaftswort erhält die Endung -raq/-räk (d. h. die Endung der 1. Steigerungsstufe):

Berlin Qozan-nan zur-raq.
Berlin Kasan-6 größer
Berlin ist größer als Kasan.

jᵉgᵉrmᵉ tughʸz

 Ich, du, er & sie

Ich, du, er & sie

Die persönlichen Fürwörter (Personalpronomen) braucht man im Tatarischen anders als im Deutschen nicht zusammen mit dem gebeugten Verb zu nennen, da am tatarischen Verb die handelnde Person eindeutig zu erkennen ist. Man verwendet sie in erster Linie, um die handelnde Person zu betonen.

min	ich	b^ez	wir
sin	du	s^ez	ihr; Sie
ul	er, sie, es	olar	sie

Sin tüg^el, ä min.
du nicht, aber ich
Nicht du, aber ich.

Da die tatarische Sprache kein grammatisches Geschlecht kennt, bedeutet das persönliche Fürwort u entweder „er", „sie" oder „es". Als Höflichkeitsform die 2. Person Mehrzahl s^ez (ihr) verwendet. Das bedeutet selbstverständlich, dass das zugehörige Verb (Tätigkeitswort) ebenfalls in der 2. Person Mehrzahl steht. Persönliche Fürwörter können wie Hauptwörter gebeugt werden.

Mein, dein, sein & ihr

Als besitzanzeigende Fürwörter (Possessivpronomen) wird im Tatarischen der 2. Fall (Genitiv) der persönlichen Fürwörter verwendet. Diese werden dem Hauptwort, auf das sie sich beziehen, vorangestellt. Darüber hinaus wird an das Hauptwort eine besitzanzeigende Endung angefügt (die Endung richtet sich nach dem Gesetz der Lautharmonie!).

min^{e}m	...^{y}m/^{e}m/^{u}m/^{ü}m ...m	mein
sin^{e}ng	...^{y}ng/^{e}ng/^{u}ng/^{ü}ng ...ng	dein
on^{y}ng	...^{y}/^{e}/^{u}/^{ü} ...s^y/s^e/s^u/s^ü	sein, ihr
b^{e}zn^{e}ng	...^{y}b^{y}z/^{e}b^{e}z/^{u}b^{y}z/^{ü}b^{e}z ...b^{y}z/b^{e}z/b^{u}z/b^{ü}z	unser
s^{e}zn^{e}ng	...^{y}gh^{y}z/^{e}g^{e}z/^{u}gh^{y}z/^{ü}g^{e}z ...gh^{y}z/g^{e}z/gh^{u}z/g^{ü}z	euer; Ihr
olarn^{y}ng	...^{y}/^{e}/^{u}/^{ü} ...s^y/s^e/s^u/s^ü	ihr

Die besitzanzeigenden Fürwörter können nicht weiter gebeugt werden! In der Wort-für-Wort-Übersetzung wird ausnahmsweise nicht die Fallnummer „2" genannt!

In der 1. Zeile der Tabelle stehen jeweils die Endungen für Hauptwörter, die auf einem Mitlaut enden, in der 2. Zeile stehen die Endungen für Hauptwörter, die auf einen Selbstlaut enden. Die vorangestellten besitzanzeigenden Fürwörter werden jedoch nur bei Betonung verwendet, deshalb entfallen sie in der Regel. Vergleichen Sie:

Mein, dein, sein & ihr

dust-ym
Freund-mein
mein Freund

dust-yng
Freund-dein
dein Freund

minem dust-ym
mein Freund-mein
mein Freund
(und nicht *deiner!*)

sineng dust-yng
dein Freund-dein
dein Freund
(und nicht *meiner!*)

bola-m
mein Kind

ota-m
mein Vater

chotyn-ym
meine Ehefrau

bola-sy
sein Kind

ota-sy
sein Vater

chotyn-y
seine Ehefrau

Steht das Hauptwort in der Mehrzahl, steht die Mehrzahl-Endung -lar vor der besitzanzeigenden Endung.

bola-lar-ym
Kind-Mz-mein
meine Kinder

dus-lar-ym
Freund-Mz-mein
meine Freunde

bola-lar-ybyz
Kind-Mz-unser
unsere Kinder

dus-lar-ybyz
Freund-Mz-unser
unsere Freunde

Beachten Sie: Es gibt einige Hauptwörter, die Mitlaute haben, die erst dann in Erscheinung treten, wenn Endungen mit Selbstlauten angefügt werden:

dus	Freund
dus-lar	Freunde
dust-ym	mein Freund

Verben & Zeiten

Das tatarische Tätigkeitswort (Verb) ist reicher an Zeitformen als das deutsche. Es gibt hier z. B. fünf Formen für Vergangenheit, drei Formen für Zukunft. Sie unterscheiden sich etwa wie Perfekt, Imperfekt und Plusquamperfekt im Deutschen. In der Umgangssprache braucht man alle diese Formen nicht, aber mindestens je eine Form für Gegenwart, Vergangenheit und Zukunft sind notwendig.

Die Veränderung des tatarischen Verbs ist einfacher als im Deutschen. Der Selbstlaut im Stamm starker Verben kann beispielsweise nicht wie im Deutschen verändert werden („nehmen/nimmt/nahm/genommen").

Grundform (Infinitiv)

Im Tatarischen ist die Grundform (Infinitiv) nicht die Form, von der alle Zeitformen gebildet werden. Stattdessen wird die Befehlsform der Einzahl dafür herangezogen, z. B.:

Die Verbstämme (identisch mit der Befehlsform) sind in allen Zeitformen unveränderlich.

joz	uq^y	kil	qol
schreib!	lies!	komm!	bleib!

Davon ausgehend wird der Infinitiv durch Anfügen der Endungen -rgha/-rgä, -argha/-ärgä, -^{y}rgha/-^{e}rgä gebildet. Welche Variante verwendet wird, hängt vom GLH und vom letzten Buchstaben des Stammes (Selbst- oder Mit-

In den meisten Wörterbüchern (auch in diesem Sprachführer) sind Verben im Infinitiv angegeben, die Endung allerdings durch Bindestrich getrennt dargestellt, um den Stamm besser zu erkennen.

laut) ab. Für die vier oben genannten Verben lautet der Infinitiv:

joz-argha	uqʸ-rgha	kil-ᵉrgä	qol-ʸrgha
schreiben	lesen	kommen	bleiben

In manchen Wörterbüchern ist statt des Infinitivs das so genannte „Verbalsubstantiv" angegeben. In der Umgangssprache wird diese Form auch oft angewandt:

joz-u	uq-u	kil-ü	qol-u
Schreiben	Lesen	Kommen	Bleiben

Beachten Sie, dass im Tatarischen nicht immer der Infinitiv verwendet wird, wenn dieser im deutschen Satz steht!

das Verb „sein"

Die persönlichen Formen des Verbs „sein" in der Gegenwart („bin", „bist", „ist" usw.) fehlen im Tatarischen völlig. So wird der Satz „Ich bin Student" lediglich durch persönliches Fürwort + Hauptwort gebildet:

Die 2. Person Mz ist gleichzeitig die Höflichkeitsform. Steht die Person in der Mehrzahl, muss auch das Hauptwort in der Mehrzahl stehen.

Min student.
ich Student
Ich bin Student.

Bᵉz student-lar.
wir Student-Mz
Wir sind Studenten.

Sᵉz student.
ihr Student
Sie sind Student.

Sᵉz student-lar.
ihr Student-Mz
Ihr seid Studenten.

Um diese Sätze zu verneinen, wird an das Satzende das Wort tüg^el (nicht) gestellt:

Ein tatarischer Satz ohne Verb wird im Deutschen immer mit dem Verb „sein" (in der Gegenwart) gebildet. In der Vergangenheit und in der Zukunft kann das Verb jedoch nicht fehlen!

Min student tüg^el.
ich Student nicht
Ich bin kein Student.

Sin student tüg^el.
du Student nicht
Du bist kein Student.

In solchen Sätzen können nicht nur Hauptwörter, sondern auch andere Redeteile stehen.

K^em ul?
wer er
Wer ist er?

Ul äjbät k^esch^e.
er gut Mensch
Er ist (ein) guter Mensch.

Sin motur.
du hübsch
Du bist hübsch.

Olar onda.
sie-Mz dort
Sie (Mz) sind dort.

Für die Vergangenheit gibt es das unvollständige Verb id^e (war) – „unvollständig" deshalb, weil es keine Gegenwart hat. Zur Beugung werden an id^e Personalendungen gehängt. Lediglich die 3. Person Ez („er, sie") bleibt endungslos, für die 3. Person Mz („sie") wird die Mehrzahlendung -lär angeängt.

id^e-m	ich war	**id^e-k**	wir waren
id^e-ng	du warst	**id^e-g^ez**	ihr wart
id^e	er war	**id^e-lär**	sie waren

Min student id^e-m.
ich Student war-ich
Ich war Student.

B^ez student-lar id^e-k.
wir Student-Mz war-wir
Wir waren Studenten.

Verben & Zeiten

Für die Zukunft wird das Verb bul-ʸrgha (werden, anwesend sein) verwendet, an die eine andere Variante der Personalendungen gehängt wird.

bul-ʸr-mʸn	ich werde sein
bul-ʸr-sʸng	du wirst sein
bul-ʸr	er/sie/es wird sein
bul-ʸr-bʸz	wir werden sein
bul-ʸr-sʸz	ihr werdet / Sie werden sein
bul-ʸr-lar	sie (Mz) werden sein

Min üjdä bul-ʸr-mʸn.
ich zu-Hause sein-werden-ich
Ich werde zu Hause sein.

das Verb „haben (besitzen)"

Es gibt natürlich auch Möglichkeiten, um die Zukunft zu auszudrücken, sie wären aber eher gekünstelt. Den Gedanken „Ich werde haben" würde man anders formulieren: „ich werde bekommen", „ich werde kaufen", „ich werde mitnehmen" u.ä.

Auch ein Verb „haben" (im Sinne von „besitzen") fehlt im Tatarischen in der Gegenwart. Wie drückt man dann aber z. B. „Ich habe Zeit" aus? Man benutzt das entsprechende besitzanzeigende Fürwort minem (mein), das Hauptwort woqʼt (Zeit) plus besitzanzeigender Endung, also woqʼt-ʸm („Zeit-meine"), und den feststehenden Ausdruck bor (es gibt).

Minem woqʼt-ʸm bor.
meine Zeit-meine es-gibt
Ich habe Zeit.

Bezneng woqʼt-ʸbʸz bor.
unsere Zeit-unsere es-gibt
Wir haben Zeit.

Um Verneinung zu bilden, ersetzt man das Wort bor (es gibt) durch das Wort juq (nein).

Min^em woq'ț-^ym juq. **Sin^eng woq'ț-^yng juq.**
meine Zeit-meine nein *deine Zeit-deine nein*
Ich habe keine Zeit. Du hast keine Zeit.

Die Vergangenheit bildet man wieder mit dem Verb id^e (sein).

Min^em woq'ț-^ym bor id^e.
meine Zeit-meine es-gibt war
Ich hatte Zeit.

Die Verneinung der Vergangenheit kann man mit dem Verb bul-^yrgha (bestehen) bilden:

Woq'ț-^ym bu̱l-ma-d^y.
Zeit-meine bestehen-nicht-BV
Ich hatte keine Zeit.

Zeitformen

Für alle hier genannten fünf Zeitformen ist die Struktur identisch. Sie besteht immer aus 1. dem Stamm des Verbs, 2. der charakteristischen Zeitsilbe, 3. der Personalendung. Vorsilben, wie im Deutschen, z. B. „ver-, zer-, be-, ab-" usw. fehlen im Tatarischen.

Stamm + Zeitsilbe + Personalendung

Es gibt zwei Arten von Personalendungen: „volle" oder „kurze". Von den fünf hier vorgestellten Zeitformen erhält nur eine die kurzen Endungen, alle anderen die vollen.

Es gibt allein neun Zeitformen in der Wirklichkeitsform (Indikativ), aber nicht alle sind in der Umgangssprache üblich. Unbedingt nötig sind nur zwei Zeitformen, weitere drei Formen sollten erkannt werden.

Verben & Zeiten

Die vollen Personalendungen sind in der Regel unbetont, die kurzen sind betont (wenn sie einen Selbstlaut haben).

„voll"	„kurz"	
-mᵧn/-mᵉn	-m	ich
-sᵧng/-sᵉng	-ng	du
–	–	er, sie, es
-bᵧz/-bᵉz	-q/-k	wir
-sᵧz/-sᵉz	-ghᵧz/-gᵉz	ihr; Sie
(-lar/-lär)	(-lar/-lär)	sie (Mz)

Die Endungsvarianten richten sich nach dem Gesetz der Lautharmonie. Die in Klammern stehende Endung -lar/-lär ist optional. Es ist jedoch empfehlenswert, diese Endung zu gebrauchen, um Missverständnisse auszuschließen.

Gegenwart

Die tatarische Gegenwartsform deckt sich in ihrer Bedeutung mit der deutschen Gegenwartsform. Sie kann wie diese auch eine zukünftige Handlung ausdrücken.

Die Gegenwartsform ist die schwierigste Form von allen. Sie hat 4 Varianten der Zeitsilbe, die exakt angewendet werden muss. Die Wahl der Variante hängt vom Gesetz der Lautharmonie und vom letzten Buchstaben des Stammes (Selbst- oder Mitlaut) ab.

Endet der **Stamm auf einem Mitlaut,** besteht die Form aus dem Stamm, der Zeitsilbe -a-/-ä- und der „vollen" Personalendung:

Stamm + **-a-/-ä-**+ volle Personalendung

Endet der **Stamm auf einem Selbstlaut,** lautet die Zeitsilbe -yj-/-i-, dabei entfällt der letzte Selbstlaut des Stammes:

Stamm + **-yj-/-i-** + volle Personalendung

Verben & Zeiten

In der Wort-für-Wort-Übersetzung wird die Zeitsilbe -a-/-ä-/-yj-/-i- durch „GE" (als Abkürzung für „Gegenwart") bezeichnet. Hier einige Beispiele:

Ein dunkler Selbstlaut im Stamm und ein Mitlaut am Ende des Stamms ...

min bor-a-m
ich gehen-GE-ich
ich gehe

bᵉz bor-a-bᵞz
wir gehen-GE-wir
wir gehen

Wer es sich einfacher machen möchte, kann die Gegenwartsform immer statt der zwei unten genannten Zukunftsformen gebrauchen!

Ein heller Selbstlaut im Stamm und ein Mitlaut am Ende des Stamms ...

min kᵘl-ä-m
ich lachen-GE-ich
ich lache

bᵉz kᵘl-ä-bᵉz
wir lachen-GE-wir
wir lachen

Ein dunkler Selbstlaut im Stamm und ein Selbstlaut am Ende des Stamm, wobei ja der letzte Selbstlaut des Stamms entfällt (der Stamm lautet hier josa-) ...

min jos-yj-m
ich machen-GE-ich
ich mache

bᵉz jos-yj-bᵞz
wir machen-GE-wir
wir machen

Ein heller Selbstlaut im Stamm und ein Selbstlaut am Ende des Stamms, wobei ja der letzte Selbstlaut des Stamms entfällt (er Stamm lautet hier ᵉschlä-) ...

min ᵉschl-i-m
ich arbeiten-GE-ich
ich arbeite

bᵉz ᵉschl-i-bᵉz
wir arbeiten-GE-wir
wir arbeiten

Achtung: Die 1. Person Ez („ich") hat bei dieser Lautvariante ausnahmsweise immer die kurze Endung, also -m statt -mᵞn/-men.

utᵞz tughᵞz | 39

Verben & Zeiten

... und Verneinung

In der Wort-für-Wort-Übersetzung wird die Verneinungssilbe mit „nicht" wiedergegeben.

Im Tatarischen werden Verben durch die Partikel -ma-/-mä- (nicht), die direkt nach dem Stamm eingefügt wird, verneint. Vor einem folgenden Selbstlaut verliert es seinen Selbstlaut und verwandelt sich in ein einfaches -m-. Die Betonung liegt dabei in allen Verbformen auf der Silbe vor der Verneinungssilbe.

Das allgemeine Schema der verneinenden Zeitformen ist:

> Stamm + **-ma-/-mä-/-m-** + Zeitsilbe
> + Personalendung

Verneinung in der Gegenwart

Da die Zeitsilbe der Gegenwart -a-/-ä-/-yj-/-i- ist (also ein Selbstlaut), lautet die Verneinungspartikel in der Gegenwart immer -m-.

Beachten Sie, dass in der Verneinungsform der Gegenwart die Zeitsilbe immer -yj-/-i- ist.

min bor-a-m
ich gehen-GE-ich
ich gehe

min bor-m-yj-m
ich gehen-nicht-GE-ich
ich gehe nicht

jäschä-m-i-m
wohnen-nicht-GE-ich
ich wohne nicht

ᵉch'-m-i-bᵉz
trinken-nicht-GE-wir
wir trinken nicht

Wie Sie sehen, verlieren die Stämme, die auf einem Selbstlaut enden, diesen Selbstlaut nicht!

bestimmte Vergangenheit

Die bestimmte Vergangenheit (Abk. „BV") ist in ihrer Bedeutung etwa mit dem deutschen Perfekt zu vergleichen. Sie wird mit der Zeitsilbe -dʸ-/-dᵘ-/-dᵉ-/-dᵘ̈-/-tʸ-/-tᵘ-/-tᵉ-/-tᵘ̈- gebildet:

> Stamm + **-dʸ-/-dᵘ-/-dᵉ-/-dᵘ̈-/-tʸ-/-tᵘ-/-tᵉ-/-tᵘ̈-** + kurze Personalendungen

Hier wieder einige Beispiele: Ein dunkler Selbstlaut im Stamm, ein stimmhafter Mitlaut am Ende des Stamms …

min joz-dʸ-m   **bᵉz joz-dʸ-q**
ich schreiben-BV-ich   *wir schreiben-BV-wir*
ich habe geschrieben   wir haben geschrieben

Ein heller Selbstlaut im Stamm, ein stimmloser Mitlaut am Ende des Stamms …

min äjt-tᵉ-m   **bᵉz äjt-tᵉ-k**
ich sagen-BV-ich   *wir sagen-BV-wir*
ich habe gesagt   wir haben gesagt

… und Verneinung

Für die Verneinung wird direkt nach dem Verbstamm die Partikel -ma-/-mä- eingefügt.

joz-dʸ-m   **joz-ma-dʸ-m**
schreiben-BV-ich   *schreiben-nicht-BV-ich*
ich habe geschrieben   ich habe nicht geschrieben

Verben & Zeiten

unbestimmte Vergangenheit

Die Zeitsilbe der unbestimmten Vergangenheit wird in der Wort-für-Wort-Übersetzung durch „UV" bezeichnet.

Man benutzt diese Zeitform, wenn man die Handlung selbst nicht beobachtet hat, wenn man davon z. B. vom Hörensagen weiß. Diese Form kann man am besten mit dem Imperfekt übersetzen. Diese Zeitform besteht aus:

Stamm + **-ghan-/-gän-/-qan-/-kän-**
+ volle Personalendung

In der Zeitsilbe ist die Variante mit a oder ä vom Gesetz der Lautharmonie abhängig. Die Varianten mit gh und g folgen den Selbstlauten und den stimmhaften Mitlauten, die Varianten mit q und k folgen den stimmlosen Mitlauten.

Ein dunkler Selbstlaut im Stamm, ein stimmhafter Mitlaut am Ende des Stamms ...

min joz-gh<u>a</u>n-m^yn
ich schreiben-UV-ich
ich schrieb

b^ez joz-gh<u>a</u>n-b^yz
wir schreiben-UV-wir
wir schrieben

Die Betonung liegt auf -ghan, wenn -nar fehlt. Sonst liegt sie auf -nar.

ul joz-gh<u>a</u>n
er/sie/es schreiben-UV-er
er/sie/es schrieb

olar joz-ghan(-nar)
sie-Mz schreiben-UV(-Mz)
sie schrieben

Ein heller Selbstlaut im Stamm, ein stimmhafter Mitlaut am Ende des Stamms ...

min äjt-k<u>ä</u>n-m^en
ich sagen-UV-ich
ich sagte

b^ez äjt-k<u>ä</u>n-b^ez
wir sagen-UV-wir
wir sagten

ul äjt-kän   **olar äjt-kän(-när)**
er/sie/es sagen-UV-er   *sie-Mz sagen-UV(-Mz)*
er/sie/es sagte   sie sagten

Beachten Sie: Die Endung der 3. Person Mz ist hier nicht -lar/-lär, sondern -nar/-när. Das letzte -n der Zeitsilbe verwandelt -l- zu -n- in der Endung -lar/-lär. Nur diese Endung ist in dieser Form betont, alle anderen sind unbetont.

... und Verneinung

Die Verneinungspartikel -ma-/-mä- wird wie gewohnt nach dem Stamm eingefügt.

joz-ghan-mʸn   **joz-ma-ghan-mʸn**
schreiben-UV-ich   *schreiben-nicht-UV-ich*
ich schrieb   ich schrieb nicht

bestimmte Zukunft

Die bestimmte Zukunft (kurz: „BZ") weist darauf hin, dass die im Verb beschriebene Handlung geschehen wird.

Sie besteht aus:

> Stamm + **-(j)ach'aq-/-(j)äch'äk-**
> + volle Personalendung

Der in Klammern stehende Laut -j- erscheint, wenn der Stamm auf einem Selbstlaut endet.

Beide tatarische Zukunftsformen der Umgangssprache müssen nicht angewandt werden, um verstanden zu werden. Man kann stattdessen wie im Deutschen die Gegenwartsform verwenden.

Verben & Zeiten

Ein dunkler Selbstlaut im Stamm, ein Mitlaut am Ende des Stamms ...

min bor-ach'aq-mʸn
ich fahren-BZ-ich
ich werde fahren

bʸz bor-ach'aq-bʸz
wir fahren-BZ-wir
wir werden fahren

Ein heller Selbstlaut im Stamm, ein Mitlaut am Ende des Stamms ...

min kil-äch'äk-mᵉn
ich kommen-BZ-ich
ich werde kommen

bᵉz kil-äch'äk-bᵉz
wir kommen-BZ-wir
wir werden kommen

... und Verneinung

Die Verneinung wird wieder durch die Partikel -ma-/-mä- angezeigt, weswegen die Zeitsilbe immer mit -j... beginnt (Variante nach Selbstlaut!).

bor-ach'aq-mʸn
fahren-BZ-ich
ich werde fahren

bor-ma-jach'aq-mʸn
fahren-nicht-BZ-ich
ich werde nicht fahren

Es gibt auch eine einfachere Verneinungsform der Zukunft mit nachgestelltem tügᵉl, wobei die Verbform für alle Personen gleich ist!

Stamm + -(j)ach'aq/-(j)äch'äk tügᵉl

min bor-ach'aq tügᵉl
ich fahren-BZ nicht
ich werde nicht fahren

sin bor-ach'aq tügᵉl
du fahren-BZ nicht
du wirst nicht fahren

unbestimmte Zukunft

Man benutzt die unbestimmte Zukunft (abgekürzt: „UZ"), wenn keine volle Überzeugung darüber herrscht, dass die Handlung tatsächlich geschehen wird.

Stamm + **-(j)ar-/-(j)är-/-(j)ʸr-/-(j)ᵉr-/-r-**
+ volle Personalendung

Um die richtige Variante auswählen, muss man die Grundform (Infinitiv) des entsprechenden Verbs kennen. Die Grundform kann die Endungen -argha/-ärgä,-ʸrgha/-ᵉrgä oder -rgha/-rgä haben. Von diesen Endungen streicht man den Teil -gha/-gä und erhält die Zeitsilbe der unbestimmten Zukunft!

Die Endung -r- steht immer dann, wenn der letzte Buchstabe des Stamms ein Selbstlaut ist, z. B. oscha-rgha (essen), ᵉschlä-rgä (arbeiten).

Ein dunkler Selbstlaut im Stamm, ein Mitlaut am Ende des Stamms ...

min bor-ʸr-mʸn **bᵉz bor-ʸr-bʸz**
ich fahren-UZ-ich *wir fahren-UZ-wir*
ich werde fahren wir werden fahren

Ein heller Selbstlaut im Stamm, ein Selbstlaut am Ende des Stamms ...

min ᵉschlä-r-mᵉn **bᵉz ᵉschlä-r-bᵉz**
ich arbeiten-UZ-ich *wir arbeiten-UZ-wir*
ich werde arbeiten wir werden arbeiten

Verben & Zeiten

sin ᵉschlä-r-sᵉng   **olar ᵉschlä-r(-lär)**
du arbeiten-UZ-du   *sie-Mz arbeiten-UZ(-Mz)*
du wirst arbeiten   sie werden arbeiten

Beachten Sie: Die Personalendungen sind unbetont, nur die Endung -lar/-lär wird betont (wenn sie gesagt wird).

... und Verneinung

Die Verneinung der unbestimmten Zukunft ist etwas schwieriger: Die Verneinungspartikel ist zwar wie gewohnt -ma-/-mä-, jedoch verändert sich die Zeitsilbe: So verwandelt sich -r- in -s-, außerdem entfällt dieses -s- in der 1. Person Einzahl und Mehrzahl („ich/wir"):

bor-ma-m   **bor-ma-bᵞz**
fahren-nicht-ich   *fahren-nicht-wir*
ich werde nicht fahren   wir werden nicht fahren

bor-ma-s-sᵞng   **bor-ma-s-sᵞz**
fahren-nicht-UZ-du   *fahren-nicht-UZ-ihr*
du wirst nicht fahren   ihr werdet/Sie werden nicht fahren

bor-ma-s   **bor-ma-s(-lar)**
fahren-nicht-UZ   *fahren-nicht-UZ(-Mz)*
er wird nicht fahren   sie werden nicht fahren

Die 6 Fälle & Beugung

Im Tatarischen gibt es 6 Fälle. Neben den ersten vier Fällen, die den deutschen Fällen entsprechen, kennt das Tatarische noch den 5. Fall (Lokativ) und den 6. Fall (Ablativ). Dabei entspricht der tatarische 3. Fall dem 4. deutschen Fall und umgekehrt.

Im Tatarischen werden Wörter gebeugt, indem jeweils bestimmte Fallendungen angehängt werden. In der Wort-für-Wort-Übersetzung werden der 2. bis 6. Fall durch die jeweilige Fallnummer gekennzeichnet.

Die Fälle geben jeweils Antwort auf folgende Fragen:

Fall	Endung	Frage
1.	–	wer?, was?
2.	-n^{y}ng/-n^{e}ng/-n^{u}ng/-n^{ü}ng	wessen?
3.	-n^y/-n^e/-n^u/-n^ü	wen?, was?
4.	-gha/-gä/-qa/-kä	wem?, wohin?
5.	-da/-dä/-ta/-tä	wo?
6.	-dan/-dän/-tan/-tän/-nan/-nän	woher? von wem? wovon? seit wann?

Der 1. Fall hat gar keine Endung. In dieser Form stehen die Wörter auch in den Wörterlisten.

Die scheinbar unterschiedlichen Fallendungen richten sich nach dem Gesetz der Lautharmonie. Die Fallendungen können an Haupt-, Eigenschafts-, Fürwörter und auch an „dieser" und „jener" angehängt werden!

Die 6 Fälle & Beugung

Beugung der Hauptwörter

2. Fall (Genitiv/Wesfall)

Der 2. Fall wird zur Angabe des Besitzes verwendet.

Die Endung -nʸng/-nᵉng/-nᵘng/nᵘng wird an das Hauptwort, das den „Besitzer" bezeichnet, angefügt. Die Reihenfolge der Besitzangabe ist andersherum als im Deutschen. Darüber hinaus muss an den „Besitzgegenstand" (hier „Mutter" bzw. „Vater") die besitzanzeigende Endung der 3. Person angehängt werden.

qʸz-nʸng ona-sʸ
Mädchen-2 Mutter-ihr
die Mutter d. Mädchens

bola-nʸng ota-sʸ
Kind-2 Vater-sein
der Vater d. Kindes

3. Fall (Akkusativ/Wenfall)

Der 3. Fall entspricht dem deutschen 4. Fall.

Die Fallendung -nʸ/-nᵉ/-nᵘ/-nᵘ wird an das Hauptwort jedoch nur angefügt, wenn man es im Deutschen mit dem bestimmten Artikel übersetzt. Insofern drückt die Endung des 3. tatarischen Falls eine Bedeutung aus. Bei Nichtbetonung wird daher der 3. Fall mit der Fallnummer in Klammern gekennzeichnet.

Minga külmäk-nᵉ bir.
ich-4 Hemd-3 gib
Gib mir das Hemd.

Minga külmäk bir.
ich-4 Hemd(3) gib
Gib mir ein Hemd.

4. Fall (Dativ/Wemfall)

Der 4. Fall bezeichnet das „Geben" oder eine Richtungsangabe.

Die Endungen -gha/-gä/-qa/-kä sind Varianten derselben Endung: -gha und -gä stehen nach Selbstlauten und stimmhaften Mitlauten, -qa und -kä nach stimmlosen Mitlauten, a oder ä richten sich nach dem Gesetz der Lautharmonie.

Die 6 Fälle & Beugung

B^ez ow^yl-gha bor-<u>a</u>-b^yz.
wir Dorf-4 fahren-GE-wir
Wir fahren aufs Land.

Steht der deutsche 3. Fall mit einem Verhältniswort, wird im Tatarischen das Hauptwort gar nicht gebeugt, steht also im 1. Fall!

Min pojest b^elän kil-d^e-m.
ich Zug mit kommen-BV-ich
Ich komme mit dem Zug.

Die Fallendung -da/-dä steht nach Selbstlauten und stimmhaften Mitlauten, -ta/-tä steht nach stimmlosen Mitlauten (vgl. 4. Fall).

B^ez bu schähär-dä t^ur-<u>a</u>-b^yz.
wir diese Stadt-5 wohnen-GE-wir
Wir wohnen in dieser Stadt.

Die Endungsvarianten -dan/-dän stehen nach Selbstlauten und stimmhaften Mitlauten, -tan/-tän nach stimmlosen Mitlauten, -nan/-nän steht nur nach -m, -n, -ng (vgl. 4. Fall).

B^ez gostinitsa-dan ch'^yq-t^y-q.
wir Hotel-6 ausgehen-BV-wir
Wir sind aus dem Hotel ausgegangen.

Min dust-^ym-nan chot ol-d^y-m.
ich Freund-mein-6 Brief bekommen-BV-ich
Ich habe einen Brief von meinem Freund bekommen.

Übrigens wird der tatarische 4. Fall nicht automatisch verwendet, wenn im Deutschen der 3. Fall benötigt wird.

5. Fall (Lokativ/Wofall)

Der 5. Fall drückt eine Ortsangabe aus. Im Deutschen benötigt man „in" oder „auf".

6. Fall (Ablativ/Woherfall)

Der 6. Fall drückt die Herkunft aus, wofür man im Deutschen die Verhältniswörter „aus" und „von" verwendet.

Die 6 Fälle & Beugung

Mehrzahl Steht ein Hauptwort, das gebeugt werden soll, in der Mehrzahl, so steht die Fallendung nach der Mehrzahlendung -lar/-lär/-nar/-när:

schähär-dä　　　**schähär-lär-dä**
Stadt-5　　　*Stadt-Mz-5*
in der Stadt　　　in den Städten

Beugung der persönlichen Fürwörter

Auch die persönlichen Fürwörter können gebeugt werden. Die im 2. Fall gebeugten persönlichen Fürwörter sind die bereits bekannten besitzanzeigenden Fürwörter.

Ez	min (ich)	sin (du)	ul (er/sie/es)
2.	mi-n^em	si-n^eng	o-n^yng
3.	mi-n^e	si-n^e	o-n^y
4.	min-ga	sin-ga	on-ga
5.	min-dä	sin-dä	on-da
6.	min-nän	sin-nän	on-nan
Mz	b^ez (wir)	s^ez (ihr, Sie)	olar (sie)
2.	b^ez-n^eng	s^ez-n^eng	olar-n^yng
3.	b^ez-n^e	s^ez-n^e	olar-n^y
4.	b^ez-gä	s^ez-gä	olar-gha
5.	b^ez-dä	s^ez-dä	olar-da
6.	b^ez-dän	s^ez-dän	olar-dan

Die Bindestriche stehen hier wieder nur der Deutlichkeit halber.

Die persönlichen Fürwörter haben dieselben Fallendungen wie Hauptwörter. Nur einige Formen werden nicht so regelmäßig gebildet.

Min S^ez-n^e b^el-ä-m.　　**S^ez-gä n̠ärsä kiräk?**
ich ihr-3 kennen-GE-ich　　*ihr-4 was nötig*
Ich kenne Sie.　　Was brauchen Sie?

Umstandswörter

Um aus einem Eigenschaftswort ein Umstandswort (Adverb) der Art und Weise (Frage: „wie? auf welcher Art und Weise?") zu machen, braucht die tatarische Sprache keine besondere Endung. Der einzige Unterschied ist, dass das Eigenschaftswort vor dem Tätigkeitswort steht und dadurch die Funktion eines Umstandswortes erhält.

Bu kitap jochsch^y.
dieses Buch gut
Dieses Buch ist gut.

Ul jochsch^y uq-yj.
er gut lesen-GE
Er liest gut.

Im ersten Beispiel ist jochsch^y Eigenschaftswort, im zweiten Beispiel ist es Umstandswort.

küp	viel	oz	wenig
bor^{y}s^y	alles	hich'närsä	nichts
bik	sehr	^{u}zaq	lange
b^{ü}t^{ü}nläj	ganz		

Ul küp ^{e}schl-i.
er viel arbeiten-GE
Er arbeitet viel.

Ul oz j^{u}ql-yj.
er wenig schlafen-GE
Er schläft wenig.

Bu bülmä bik noch'ar.
dieses Zimmer sehr schlecht
Dieses Zimmer ist sehr schlecht.

ill^e b^{e}r

Fragen

Man unterscheidet wie im Deutschen zwischen Entscheidungs- und Ergänzungsfragen

Entscheidungsfragen können nur mit äj^e (ja) oder juq (nein) beantwortet werden und werden ohne Fragewort gebildet. Die Endung -m^y/-m^e wird an das letzte Wort im Satz (oft ist das ein Verb) angehängt.

In der Wort-für-Wort-Übersetzung wird die Frage-Endung durch „?" angezeigt.

Ul ^üj-gä qojt-a.
er Haus-4 kommen-GE
Er kommt nach Hause.

Ul ^üj-gä qojt-a-m^y?
er Haus-4 kommen-GE-?
Kommt er nach Hause?

Ergänzungsfragen erhalten keine Frage-Endung. Sie werden wie im Deutschen mit Fragewörtern gebildet. Man kann nur mit einem vollständigen Satz antworten.

k^em?	wer?
n<u>ä</u>rsä?, ni?	was?
n<u>i</u>ndi?	wie? welcher?
n<u>i</u>ch'^ek?	wie?
n<u>i</u>ch'ä?; küpm^e	wie viel?
qoj?, qojs^y?	welcher?
q<u>o</u>ja?	wohin?
q<u>o</u>jdan?	woher?
q<u>o</u>jda?	wo?
nigä?	warum?
q<u>o</u>jch'an?	wann?

Sin n<u>ä</u>rsä kür-<u>ä</u>-s^eng?
du was sehen-GE-du
Was siehst du?

n<u>i</u>ch'ä k^esch^e?
wieviel Mensch
wie viele Personen?

n<u>i</u>ch'ä wird nur bei zählbaren, küpm^e nur bei nicht zählbaren Einheiten verwendet.

S^ez n<u>i</u>ndi il-dä t^ur-<u>a</u>-s^yz?
ihr welches Land-5 leben-GE-ihr
In welchem Land leben Sie?

küpm^e woq^yt?
wieviel Zeit
wie spät?

Auffordern & Befehlen

Im Deutschen gibt es drei Befehlsformen: „lies", „lest" und „lesen Sie". Im Tatarischen sind die Höflichkeitsform („lesen Sie") und die Mehrzahl-Form („lest") identisch, d. h. es gibt nur zwei Formen.

Die Du-Form Einzahl („lies") ist einfach: Der Verbstamm ist bereits die Befehlsform:

bir!	**kil!**	**bo̱schla!**	**ᵉschlä!**
nimm!	komm!	beginn!	arbeite!

Beachten Sie: Die bejahende Befehlsform ist immer auf der 1. Silbe betont!

Die Mehrzahl-Form erhält die Endung -ghʸz/-gᵉz nach Selbstlauten und -ʸghʸz/-ᵉgᵉz nach Mitlauten.

bi̱r-ᵉgᵉz!	gebt, geben Sie!
ki̱l-ᵉgᵉz!	kommt, kommen Sie!
bo̱schla-ghʸz!	beginnt, beginnen Sie!
ᵉschlä-gᵉz!	arbeitet, arbeiten Sie!

Die verneinte Befehlsform wird wieder mit der Partikel -ma-/-mä- gebildet, die direkt an den Stamm angehängt wird. Die Betonung liegt dabei auf der Silbe vor -ma-/-mä-.

ki̱l-mä!	**ki̱l-mä-gᵉz!**
komm nicht!	kommt / kommen Sie nicht!

ᵉschlä̱-mä!	**ᵉschlä̱-mä-gᵉz!**
arbeite nicht!	arbeitet / arbeiten Sie nicht!

Modalverben & -konstruktionen

Im Deutschen kann man ein Verb mit Modalverben „modifizieren" (vgl.: „Ich arbeite" und „Ich will arbeiten", „Ich kann arbeiten", „Ich soll arbeiten" u. a.). Im Tatarischen gibt es auch Modalverben, nur kann die volle Konstruktion der Sätze mit diesen Verben etwas verschieden sein.

wollen

Das Verb teˡä-rgä (wollen) verbindet sich mit der Grundform des Hauptverbs, nur steht es am Ende des Satzes.

Beˡz owyl-gha kit-ärgä teˡl-i̯-beˡz.
wir Dorf-4 gehen wollen-GE-wir
Wir wollen aufs Land gehen.

Min bu büläk-ne al-ʸrgha teˡl-i-m.
ich dieses Souvenir kaufen wollen-GE-ich
Ich will dieses Souvenir kaufen.

Sin närsä ajt-eˡrgä teˡl-i̯-seˡng?
du was sagen wollen-GE-du
Was willst du sagen?

können

Das deutsche Verb „können" kann man in zwei Bedeutungsvarianten verwenden, z. B.: „Er kann (ist imstande) arbeiten." (momentane Fähigkeit) und „Er kann Tatarisch sprechen" (erlernte Fähigkeit). Im Tatarischen gibt es für diese Bedeutungen zwei ver-

Modalverben & -konstruktionen

schiedene Verben: Die Bedeutung „können, imstande sein" wird mit dem Verb ol^yrgha (das auch „nehmen, bekommen, kaufen" bedeuten kann) übersetzt.

Min ongl-yj ol-m-yj-m.
ich verstehen-GE können-nicht-GE-ich
Ich kann nicht verstehen.

Achtung: Das Verb ol^yrgha verbindet sich nicht mit der Grundform, sondern mit der Gegenwartsform ohne Personalendungen.

Sⁱn ut sünd^er-ä ol-<u>a</u>-s^yng-m^y?
du Feuer löschen-GE können-GE-du-?
Kannst du das Licht löschen?

Die Bedeutung „können", „verstehen" wird mit dem Verb b^el-^ergä (das auch „wissen", „kennen" bedeutet) übersetzt.

Min j^üz-ä b^el-ä-m.
ich schwimmen-GE können-GE-ich
Ich kann schwimmen.

Auch das Verb b^el-^ergä verbindet sich mit der Gegenwartsform ohne Personalendungen.

S^ez tot<u>a</u>r-ch'a s^üjläsch-ä b^el-<u>ä</u>-s^ez-m^e?
ihr tatarisch sprechen-GE können-GE-ihr-?
Können Sie Tatarisch (sprechen)?

Der unpersönliche Ausdruck „man kann" wird im Tatarischen mit m^ümkin („möglich") formuliert:

M^ümkin kann auch „man darf" bedeuten.

Su q<u>o</u>jdan ol-^yrgha m^ümkin?
Wasser woher nehmen möglich
Wo kann man Wasser holen/bekommen?
(Frage auf dem Land)

Modalverben & -konstruktionen

dürfen

Dem deutschen Verb „dürfen" entsprechen Konstruktionen mit dem Wort mᵘmkin (möglich) und jora-rgha (etwa „sich schicken, taugen, entsprechen" usw.).

In der Konstruktion mit mᵘmkin steht der Satzgegenstand im 4. Fall, es folgen das Verb in der Grundform und das Wort mᵘmkin.

Bᵉzgä tuqta-rgha mᵘmkin-mᵉ?
uns(4) stehenbleiben möglich-?
Dürfen wir stehen bleiben? *(im Taxi)*

Minga tämäkᵉ tort-ʸrgha mᵘmkin-mᵉ?
ich-4 Tabak ziehen möglich-?
Darf ich rauchen?

Der Satzgegenstand kann fehlen, in diesem Fall übersetzt man den Satz mit „man darf".

Kᵉr-ᵉrgä mᵘmkin-mᵉ?
eintreten möglich-?
Darf man eintreten?

Die Verneinung wird mit dem Wort tügᵉl (nicht) nach mᵘmkin formuliert.

Tämäkᵉ tort-ʸrgha mᵘmkin tügᵉl.
Tabak rauchen möglich nicht
Man darf nicht rauchen.

Die Konstruktion mit jora-rgha steht der Satzgegenstand ebenfalls im 4. Fall, es folgen das Verb in der Grundform und das Verb jora-rgha in der gewünschten Zeitform (ohne persönliches Fürwort):

Modalverben & -konstruktionen

Kᵉr-ᵉrgä jor-yj-mʸ?
eintreten sich-schicken-GE-?
Darf man eintreten?

Bᵉzgä sᵘnggha qol-ʸrgha jora̱-m-yj.
uns(4) spät bleiben sich-schicken-nicht-GE
Wir dürfen uns nicht verspäten.

Beachten Sie: Auch bei der Konstruktion mit jora-rgha muss der Satzgegenstand nicht ausdrücklich genannt werden.

müssen

Das Wort tijᵉsch, das dem deutschen Verb „müssen" entspricht, bedeutet „gebührend", „gehörig" und ist unveränderlich. Die Satzkonstruktion besteht aus dem (ungebeugten) Satzgegenstand (Subjekt), einem Verb in der Grundform und tijᵉsch:

Olar tuqta-rgha tijᵉsch.
sie-Mz stehenbleiben gebührend
Sie müssen stehen bleiben.

Kich'ᵉn bᵉz gostinitsa-gha qojt-ʸrgha tijᵉsch.
am-Abend wir Hotel-4 zurückkommen gebührend
Am Abend müssen wir ins Hotel zurückkommen.

Sᵉz äjt-ᵉrgä tijᵉsch.
ihr sagen gebührend
Ihr müsst (Sie müssen) sagen.

Bᵉz irtä tᵘr-ʸrgha tijᵉsch.
wir früh aufstehen gebührend
Wir müssen früh aufstehen.

Zusammengesetzte Verben

sollen

Für „sollen" gibt es im Tatarischen das unveränderliche Wort kiräk, das „man soll", „es ist nötig" bedeutet.

In Sätzen mit kiräk *steht der Satzgegenstand im 4. Fall, es folgen das Verb in der Grundform und* kiräk.

Minga büg^en ^eschlä-rgä kiräk.
ich-4 heute arbeiten nötig
Ich soll heute arbeiten.

Der Satzgegenstand muss nicht ausdrücklich durch ein Hauptwort oder persönliches Fürwort genannt werden. Dann übersetzt man mit dem unpersönlichen „man".:

Um Sätze mit tij^esch *oder* kiräk *zu vermeinen, setzt man an das Satzende* tüg^el *(nicht).*

Bu doru-n^y ^ech'-ärgä kiräk.
diese Arznei trinken nötig
Man soll diese Arznei einnehmen.

Zusammengesetzte Verben

Im Tatarischen gibt es zusammengesetzte Verben, die teilweise auch im Deutschen bekannt sind, sowie eine komplizierte Variante zusammengesetzter Verben, für die es im Deutschen keine Entsprechung gibt. Im Tatarischen sind solche Konstruktionen bei weitem zahlreicher als im Deutschen.

Meistens setzen sich die zusammengesetzten Verben aus einem Hauptwort und einem Hilfsverb zusammen, manchmal aus einem

Zusammengesetzte Verben

Eigenschaftswort und einem Hilfsverb. Als Hilfsverben werden am häufigsten it-ärgä (tun, machen) und bul-ʸrgha (sein, werden) benutzt, seltener andere Verben.

jordam it-ärgä	helfen
Hilfe machen	
chäbär it-ärgä	mitteilen
Mitteilung machen	
qunaq it-ärgä	bewirten
Gast machen	
qunaq bul-ʸrgha	zu Gast sein
Gast werden	
tämam bul-ʸrgha	zu Ende sein
Ende werden	
sh'awap bir-ᵉrgä	antworten
Antwort geben	
tämäkᵉ tort-ʸrgha	rauchen
Tabak ziehen	

Die zusammengesetzten Verben werden aus zwei Teilen gebildet, was auch für die deutsche Sprache nicht ungewöhnlich ist. Anstatt „sich setzen" kann man „Platz nehmen" sagen, anstatt „erkranken" auch „krank werden".

Die zweite Variante zusammengesetzter Verben besteht auch aus zwei Teilen: Das Hauptverb hat eine Form, die ungefähr dem Mittelwort der Vergangenheit (Partizip II) entspricht und die Endungen -ʸp/-ᵉp oder -p (Lautharmonie!) hat. Dieser erste Teil ist unveränderlich. Der zweite Teil, das so genannte Erweiterungsverb, wird ganz normal gebeugt. Das Schema ist:

> Stamm des Hauptverbs + -ʸp/-ᵉp, -p +
> Zeitform des Erweiterungsverbs

Und, oder & aber

Diese Konstruktion wird sehr oft verwendet. Manchmal drücken die komplizierten Verben jedoch sehr verfeinerte Sinnesabstufungen aus und sind für die Umgangssprache unnötig.

sot-ᵞp ol-ᵞrgha
verkauft nehmen
kaufen

ol-ᵞp kᵉr-ᵉrgä
genommen hineingehen
hineintragen

ol-ᵞp bor-ᵞrgha
genommen gehen
tragen

ol-ᵞp ch'ᵞgh-argha
genommen hinausgehen
hinaustragen

Min bu ᵉschläpä-nᵉ sot-ᵞp ol-a-m.
ich dieser Hut-3 verkauft nehmen-GE-ich
Ich kaufe diesen Hut.

Und, oder & aber

Bindewörter (Konjunktionen) verbinden einzelne Wörter, Satzteile und ganze Sätze. Die tatarischen Bindewörter sind nicht immer selbständige Wörter, sondern können auch Endungen erhalten.

selbständige Bindewörter	
läkin	aber
jä, jäki	oder
mᵘnᵘng bᵉlän bᵉrgä *das-2 mit zusammen*	daneben (zugleich)
ch'ᵘngki	weil, denn, da
gärch'ä	trotzdem
schunᵞng ᵘch'ᵘn *das-2 wegen*	deshalb
sᵘng	danach

Und, oder & aber

woqʸt-ta *Zeit-5*	wenn (zeitl.), als
ägär	wenn, falls
ᵘch'ᵘn	um, zu
ki	dass
jä ... jä	entweder ... oder
äle ... äle	bald ... bald
ni ... ni	weder ... noch
da/dä ... da/dä (GLH!)	sowohl ... als auch

Min onʸ kᵘt-tᵘ-m, läkin u ki̱l-mä-de.
ich sie-3 warten-BV-ich, aber sie kommen-nicht-BV
Ich habe auf sie gewartet, aber sie ist nicht gekommen.

Jä sin, jä ul kil-äch'äk.
oder du, oder er kommen-BZ
Entweder du oder er wird kommen.

Ul da, min dä kil-de-k.
er auch, ich auch kommen-BV-wir
Sowohl er als auch ich sind gekommen.

dass

Das tatarische Bindewort **ki** entspricht dem deutschen „dass", eine Sprechpause macht man allerdings nicht vor **ki**, sondern danach:

Bel-ä-m ki, ul jochschʸ kesche.
wissen-GE-ich dass, er guter Mensch
Ich weiß, dass er ein guter Mensch ist.

Und, oder & aber

und

Für das Bindewort „und" gibt es verschiedene Varianten. Einige von ihnen können neben der Bedeutung „und" auch mit „auch, mit, und auch" übersetzt werden.

zur-lar häm bola-lar
groß-Mz und Kind-Mz
die Großen und die Kinder

äti b^elän äni
Vater mit/und Mutter
(der) Vater und (die) Mutter

Ul da kil-gän.
er und/auch kommen-UV
Und er kam auch.

wenn, falls

Die Endung -sa/sä kennzeichnet eine Handlung als bedingt. Für die höfliche Anrede wird die Endung -sagh^yz/säg^ez verwendet.

kil-sä   **bor-sa**
kommen-falls   *gehen-falls*
wenn er kommt   wenn er geht

bor-sa-gh^yz
gehen-falls-ihr
wenn Sie gehen

In, auf, unter & von

Anders als im Deutschen sind Verhältniswörter im Tatarischen dem Hauptwort, auf das sie sich beziehen, immer nachgestellt (sie heißen deshalb auch „Postpositionen" und nicht „Präpositionen"). Nicht immer jedoch, wenn man im Deutschen ein Verhältniswort braucht, ist dies auch im Tatarischen der Fall. Oftmals steht das betreffende Hauptwort lediglich in einem bestimmten Fall, z. B.:

Qozan-gha	*Kasan-4*	nach Kasan
schähär-dä	*Stadt-5*	in der Stadt
schähär-dän	*Stadt-6*	aus der Stadt

Eine Reihe von Verhältniswörtern sind ursprünglich Ortsangaben, die durch Beugung zu Richtungsangaben werden. So bedeutet das Hauptwort ᵉch „das Innere". Fügt man die besitzanzeigende Endung der 3. Person („sein/ihr") an, heißt es ᵉch'-ᵉ (sein/ihr Inneres). Dieses neue Wort kann man im 4., 5. oder 6. Fall beugen und wie ein Verhältniswort behandeln:

bülmä ᵉch'-ᵉn-ä	ins Zimmer
Zimmer Inneres-sein-4	
bülmä ᵉch'-ᵉn-dä	**im Zimmer**
Zimmer Inneres-sein-5	
bülmä ᵉch'-ᵉn-nän	aus dem Zimmer
Zimmer Inneres-sein-6	

Und, oder & aber

Ähnlich werden auch die folgenden Verhältniswörter gebildet (manchmal kann die besitzanzeigende Endung fehlen):

Ursprungswort	im 4. Fall	im 5. Fall	im 6. Fall
ort Hinterseite	ort-ʸn-a hinter (den)	ort-ʸn-da hinter (dem)	ort-ʸn-nan von jenseits
ol Vorderteil	–	old-ʸn-da vor	old-ʸn-nan von
os Unterteil	ost-ʸn-a unter (den)	ost-ʸn-da unter (dem)	ost-ʸn-nan unter ... hervor
üs Oberteil	üst-ün-ä auf (den)	üst-ün-dä über/auf (dem)	üst-ün-nän von
jon Seite	jon-ʸn-a zu	jon-ʸn-da neben	jon-ʸn-nan von
urta Mitte	–	urta-sʸn-da in der Mitte	urta-sʸn-da aus der Mitte
buj Länge	buj-ʸn-na entlang, laut	–	–
orqa Rücken	–	orqa-sʸn-da wegen	–
toraf Seite	–	–	toraf-ʸn-nan von Seiten

Ein „–" in der Tabelle weist darauf hin, dass es dieses Verhältniswort entweder nicht gibt oder wenig gebräuchlich ist. Diese Tabelle soll dem Verständnis für die Struktur dieser Verhältniswörter dienen. Im Folgenden werden diese nicht mit Bindestrich geschrieben, sondern wie ein einziges Wort, das auch nur mit dem entsprechenden deutschen Verhältniswort (auch in der Wort-für-Wort-Übersetzung) übersetzt wird.

Und, oder & aber

ᵘstäl ostʸna
Tisch unter
unter den Tisch

ᵘstäl ostʸnda
Tisch unter
unter dem Tisch

ᵘstäl ostʸnnan
Tisch unter-hervor
unter dem Tisch hervor

äni-sᵉ jonʸna
Mutter-seine zu
zu seiner Mutter

bᵉlän	mit
bujʸnch'a	laut
boschqa (+ 6. Fall)	außer
-gha/gä/qa/kä (= 4. Fall)	bis
sᵘng (+ 6. Fall)	nach (zeitl.)
urnʸna	anstatt
-sʸz/sᵉz	ohne
tᵘrᵘnda	über, von
orqasʸnda	dank
ᵘch'ᵘn	für

Weitere wichtige einzeln stehende Verhältniswörter sowie wie Endungen zu verwendende Verhältniswörter sind die nebenstehenden.

Ul ᵘj-dän oqch'a-sʸz ch'ʸq-tʸ.
er Haus-6 Geld-ohne ausgehen-BV
Er ging ohne Geld aus dem Haus.

Schähär-gä bisch kilometr qol-dʸ.
Stadt-4 fünf Kilometer bleiben-BV
Es sind noch 5 Kilometer bis zur Stadt.

Bu doru-nʸ schikär bᵉlän ᵉch'ärgä kiräk.
diese Arznei Zucker mit trinken nötig
Diese Arznei soll man mit Zucker einnehmen.

Sin-nän boschqa borʸsʸ kil-dᵉ-lär.
du-6 außer alle kommen-BV-Mz
Außer dir sind alle gekommen

Manchmal steht der Satzgegenstand (Subjekt) im 6. Fall (siehe Tabelle).

oltmʸsch bisch

Zahlen & Zählen

Die tatarischen Zahlen werden sehr regelmäßig gebildet. Es gibt keine Ausnahmen.

Grundzahlen

Die Zehnerzahlen (20, 30, 40 usw.) sind eigenständige Wörter und sind nicht wie im Deutschen von den entsprechenden Einerzahlen abgeleitet (z. B. „vier-zig, fünf-zig").

0	nul	5	bisch
1	b^er	6	olt^y
2	ik^e	7	sh'id^e
3	^üch'	8	sig^ez
4	dürt	9	tugh^yz

10	un	30	ut^yz
11	unb^er	40	q^yr^yq
12	unik^e	50	ill^e
13	un^üch'	60	oltm^ysch
20	j^eg^erm^e	70	sh'itm^esch
21	j^eg^erm^e b^er	80	siksän
22	j^eg^erm^e ik^e	90	tuqsan

zusammengesetzte Zahlen

Die zusammengesetzten Zahlen werden lediglich durch Nebeneinanderstellen der zunächst höchsten Zahl und der dann immer kleiner werdenden Zahleinheit gebildet. Zwischen den einzelnen Zahlen steht kein Verbindungswort „und" oder dergleichen. Das Bildungsschema ist also:

... Tausender – Hunderter – Zehner – Einer

Zahlen & Zählen

100	j^u z	200	ik^e j^u z
101	j^u z b^e r	201	ik^e j^u z b^e r
102	j^u z ik^e	300	^u ch' j^u z
103	j^u z ^u ch'	400	dürt j^u z
110	j^u z un	1.000	m^e ng
111	j^u z unb^e r	2.000	ik^e m^e ng
112	j^u z unik^e	10.000	un m^e ng
120	j^u z j^e g^e rm^e	100.000	j^u z m^e ng
121	j^u z j^e g^e rm^e b^e r	1 Mio.	million

Die Hunderter-, Tausenderzahlen etc. werden aus dem jeweiligen (vorangestellten!) Einer und der Zahl für "hundert" bzw. "tausend" zusammengesetzt.

ik^e m^e ng ^u ch'
zwei tausend drei
2003

dürt m^e ng bisch j^u z sh'itm^e sch tugh^y z
vier tausend fünf hundert siebzig neun
4579

zählen

Die zu zählenden Gegenstände/Personen stehen immer in der Einzahl und sind dem Zahlwort nachgestellt. Die Mehrzahlendung -lar/lär/nar/när ist überflüssig, da die Mehrzahl bereits durch das Zahlwort ausgedrückt wird.

bisch kün   **un kitap**
fünf Tag   *zehn Buch*
fünf Tage   zehn Bücher

küp j^y lga   **küpm^e woq^y t?**
viel Fluss   *wieviel Zeit*
viele Flüsse   wie viel Zeit?

Genau so haben die Hauptwörter nach küp (viel, viele), küpm^e, nich'ä (wie viel), b^e rnich'ä (einige) keine Mehrzahlendungen.

oltm^y sch sh'id^e | **67**

Zahlen & Zählen

Ordnungszahlen

Ordnungszahlen antworten auf die Frage nich'änch'e (der/die/das wievielte?). Sie werden gebildet, indem man an die Grundzahl die Endungen -nch'e/nch'ü (nach Selbstlauten) bzw. -ench'e/ünch'e (nach Mitlauten) anhängt.

Beachten Sie: Bei Zahlen über 10 ist nur die letzte Ziffer eine Ordnungszahl!

ber-ench'e	der (die, das) 1.
ike-nch'e	der (die, das) 2.
üch'-ünch'e	der (die, das) 3.
bisch-ench'e	der (die, das) 5.
jüz-ünch'e	der (die, das) 100.
jegerme ber-ench'e	der (die, das) 21.
jüz utyz üch'ünch'e	der (die, das) 133.

un ber-ench'e
zehn erster
der 11.

jegerme ber-ench'e
zwanzig erster
der 21.

Bruchzahlen

Bruchzahlen werden gebildet, indem man erst den Nenner im 6. Fall (Ablativ) und dann den Zähler benennt, also anders herum als im Deutschen:

dürt-tän ber	*vier-6 eins*	ein Viertel
sh'ide-dän üch'	*sieben-6 drei*	drei Siebtel
un-nan üch'	*zehn-6 drei*	drei Zehntel

Es gibt jedoch einige besondere Bezeichnungen für Bruchzahlen:

jorty/jortysy/jorym	ber jorym	ch'irek
einhalb	anderthalb	ein Viertel

68 | oltmysch sigez

Zahlen & Zählen

Maßeinheiten & Mengenangaben

Nach Mengenangaben steht der gezählte bzw. gemessene Gegenstand auch immer in der Einzahl.

küp	viel(e)	b^ernich'ä	einige
oz	wenig(e)	b^eraz	ein bisschen

dürt metr	*vier Meter*	4 Meter
bisch kilo	*fünf Kilo*	5 Kilo
j^üz gram	*hundert Gramm*	100 Gramm
bisch litr	*fünf Liter*	5 Liter
un kilometr	*zehn Kilometer*	10 Kilometer

Auch Maße stehen in der Einzahl.

Die folgenden Mengenangaben können Sie gut beim Einkauf anwenden.

b^er b<u>a</u>nka	1 Dose/Einmachglas
b^er qop	1 Schachtel
b^er qosch^yq	1 Löffel
b^er donä	1 Stück
b^er par, b^er kij^em	1 Paar
b^er sch^eschä	1 Flasche
b^er stakan	1 Glas

oltm^ysch tugh^yz

Kurz-Knigge

Tatarien ist ein moslemisches Land. Aber schon im 16. Jahrhundert wurde das Kasaner Khanat (mittelalterlicher Staat von Tataren mit der Hauptstadt Kasan) an den russischen Staat angeschlossen. Die Bevölkerung der Republik ist zurzeit zur Hälfte nicht islamisch. Deswegen nimmt der Islam im tatarischen Leben keinen großen Platz ein.

Viele gehören keiner **Religion** an, einige Tataren sind getauft. In Tatarien leben auch viele Russen, Ukrainer, Tschuwaschen u. a. Christen. Das sollte man wissen. Und trotzdem gibt es unter Tataren viele gläubige Moslems, die den moslemischen Verhaltenskodex („Schariat") befolgen.

In Tatarien gibt es keinen moslemischen Extremismus, aber wenn Sie eine **Moschee** besichtigen möchten, fragen Sie vorher um Erlaubnis. Christliche Kirchen in Tatarien sind dieser Hinsicht toleranter.

Obwohl die meisten Tataren europäisch eingestellt sind, können Sie in ein Milieu von **Gläubigen** oder **Nationalisten** gelangen. Verhalten Sie sich deswegen im Großen und Ganzen zurückhaltend und vorsichtig, um nicht durch unbedachtes Verhalten Unmut auf sich zu ziehen.

Beim **Fotografieren** ist es wichtig, behutsam vorgehen.

Kurz-Knigge

Bekannt machen   Wenn Sie mit einem Begleiter gehen und einen Bekannten treffen, sollen Sie den Bekannten und den Begleiter bekannt machen.

Pünktlichkeit   Die Tataren sind nicht besonders pünktlich. Verspätungen sind bei ihnen an der Tagesordnung.

Kleidung   Shorts sowohl bei Männern als auch bei Frauen sind nur für den Strand erlaubt, ansonsten läuft man Gefahr, Unmut auf sich zu ziehen.

FKK   FKK ist in Tatarien absolut ausgeschlossen.

Gesten & Handzeichen

Gesten und Handzeichen werden bei Tataren häufiger als bei uns gebraucht.

Autostopp   Wenn man ein Auto stoppen will, hebt man den Arm ausgestreckt nach vorne.

Verneinen/Bejahen   Eine Absage wird durch Achselzucken oder durch Kopfschütteln nach beiden Seiten ausgedrückt und eine Bestätigung durch Kopfneigung von oben nach unten.

Nicht verstehen   Die Augenbrauen heben sich nach oben, wenn man „Wie bitte" sagen will.

Begrüßen   Bei Begrüßung drücken Erwachsene beide Hände.

Erstaunt sein   Erstaunen wird durch Klatschen mit den Händen an die Hüften ausgedrückt.

Scherzen   Bei einem Gespräch kann man mit einem Auge zwinkern, „warnend", dass man etwas im Scherz sagt.

Namen

Tatarische Personennamen bestehen aus dem Familiennamen (fam<u>i</u>lija), dem Vornamen (is^em, <u>o</u>t) und dem Vatersnamen (<u>o</u>tch'estvo).

Viele tatarische Vornamen sind gewöhnliche tatarische Wörter mit konkreter Bedeutung, z. B. Ozat (frei), Ozamat (tapfer), Obruj (Ehre), Olsu (rosa), Olt^ynch'äch' (goldenes Haar), G^ülch'äch'äk (Rose) usw. Darüber hinaus ist es für Europäer oft schwierig zu verstehen, ob ein Name männlich oder weiblich ist.

Es gibt wahrscheinlich mehr als tausend tatarische Vornamen.

Frauennamen enden meistens auf -a, -ä, aber auch ziemlich oft auf einen Mitlaut, z. B. Mälikä, Märjäm, Nohar, Läjlä, Läjsän.

Männernamen enden meistens auf einen Mitlaut, können aber manchmal auch auf -a enden, z. B. Ghobdulla, Domir, Timur, Foiq, Sobir.

Familiennamen werden aus männlichen Vornamen gebildet. Männliche Familiennamen bekommen dabei die Nachsilben -ov, -in und weibliche die Nachsilben -ova, -ina. Vom männlichen Namen Zäjnulla werden die männlichen Nachnamen Zäjnullov und Zäjnullin und die weiblichen Zäjnullova und Zäjnullina gebildet.

Die Frau erhält den Nachnamen ihres Ehemannes (plus -a). Wenn der Nachname des Ehegatten Sofiullin lautet, heißt seine Frau mit Nachnamen Sofiullina.

Eine Tochter erhält dann den Nachnamen der Mutter, also auch Sofiullina, der Sohn erbt den Nachnamen des Vaters.

Heiratet die Tochter, erhält sie dann wiederum den Nachnamen des Ehemannes plus der Endung -a. Sie heißt dann z. B. nicht mehr Sofiullina, sondern Chäkimsh'anova, weil der Nachname des Mannes Chäkimsh'anov lautet.

Anrede

Im Tatarischen gibt es verschiedene Anreden, die vom Alter und Geschlecht, von der offiziellen oder unoffiziellen Sprechsituation abhängen. Wendet man sich an alte unbekannte Menschen, nennt man sie:

| äbi | Großmütterchen |
| bobaj | Väterchen |

Ältere unbekannte Menschen nennt man:

| opa | ältere Schwester, Tante |
| obyj | älterer Bruder, Onkel |

Jüngere unbekannte Menschen (jedoch keine Kinder) nennt man:

| s^{e}ng^{e}l-^{e}m | *jüngere-Schwester-meine* | Schwester |
| ^{e}n^e-m | *jüngerer-Bruder-mein* | Bruder |

Unbekannte Kinder nennt man:

| q^{y}z-^{y}m | *Tochter-meine* | Tochter |
| ul-^{y}m | *Sohn-mein* | Sohn |

Bekannte Menschen kann man mit denselben Wörtern anreden, dabei gebraucht man vor den Wörtern opa, obyj oft auch den Vornamen:

Bibinur opa   **Ghorif obyj**
Bibinur ältere-Schwester   *Ghorif älterer-Bruder*
Frau Bibinur   Herr Ghorif

Es gibt auch andere Anredenformen, z. B. sehr höfliche altmodische (die zurzeit aber wieder aufkommen) ...

Fotyjma chon^ym   **Sufija tutasch**   **Sobir äfänd^e**
Fotyjma Frau   *Sufija Fräulein*   *Sobir Herr*
Frau Fotyjma   Fräulein Sufija   Herr Sobir

... und Anreden aus der sowjetischen Epoche:

Iptäsch Nosyjrov   **Tohir Kärimovitsch**
Genosse Nosyjrow   *(Vor- und Vatersname)*

Begrüßen & Verabschieden

Begrüßen & Verabschieden

Es gibt mehrere Begrüßungsformeln, die verschiedene Nuancen der Höflichkeit, der Familiarität, der Amtlichkeit usw. haben.

begrüßen

Wenn man duzt, sagt man:

Säläm ist arabisch und bedeutet „Frieden".

Nichäl!	**Isäm-me!**	**Säläm!**
Wie geht's?	Bist du gesund?	Gruß!

Nich'ek jäsch-i-seng?
wie leben-GE-du
Wie geht's?

Chäl-lär nich'ek?
Sache-Mz wie
Wie geht's?

Nich'ek jäsch-i-sez?
wie leben-GE-ihr
Wie geht es Ihnen?

Rächmät, äjbät.
danke, gut
Danke, gut.

Bik äjbät tügel.
sehr gut nicht
Nicht so gut.

Andere höflichere Begrüßungen sind die nebenstehenden.

Isäm-me-sez!
gesund-?-ihr
Wie geht es Ihnen?

Nichäl-lär?
wie-Lage-Mz
Wie geht es Ihnen?

Chäjerle irtä!	Guten Morgen!
Chäjerle kün!	Guten Tag!
Chäjerle kich'!	Guten Abend!

Begrüßen & Verabschieden

Gläubige begrüßen sich mit der islamischen Begrüßung, die auf Arabisch etwa „der Frieden sei mit dir/euch" bedeutet:

Ässälämeghäläjkem! **Wäghäläjkemässäläm!**
Guten Morgen/Tag! Guten Morgen/Tag!
(Anrede) *(Antwort)*

verabschieden

Sow bul! **Sow bul-ᵞghᵞz!**
gesund sei *gesund seid-ihr*
Tschüss!/Auf Wiedersehen!/Alles Gute!
(geduzt/gesiezt)

Chusch! **Chusch-ᵞghᵞz!**
leb-wohl *lebt-wohl*
Leb wohl! Lebt wohl! Leben Sie wohl!

Tᵞnᵞch' juqu! **Chäjerle jul!**
stilles Schlafen *gute Reise*
Gute Nacht! Gute Reise!

Mit „Komm/en Sie zu uns!" ist gemeint: „Komm/en Sie zu jeder Zeit, du/Sie bist/sind immer willkommen".

(Bez-gä) kil! **(Bez-gä) kil-egez!**
(wir-4) komm *(wir-4) kommt-ihr*
Komm zu uns! Kommen Sie zu uns!

(Min) kit-te-m. **(Bez) kit-te-k.**
(ich) weggehen-BV-ich *(wir) weggehen-BV-wir*
Tschüss! („ich") Bis dann! („wir")

sh'itmesch sh'ide | 77

Floskeln & Redewendungen

Floskeln & Redewendungen

Zu Beginn eines Gespräches können folgende Wendungen ganz hilfreich sein, um die ersten Minuten des miteinander Bekanntwerdens zu überbrücken:

Äjt-^{e}g^{e}z äl^e!	**Äjt-^{e}g^{e}z-ch'^{e}!**	**Äjt-ch'^{e}!**
sagt-ihr mal	*sagt-ihr-bitte*	*sag-bitte*
Sagen Sie bitte!	Sagen Sie bitte!	Sag bitte!

B^{u}rch'uw-^{y}m ^{ü}ch'^{u}n ghofu ịt-^{e}g^{e}z!
Stören-mein für Entschuldigung macht-ihr
Entschuldigen Sie die Störung.

Ghofu ịt-^{e}g^{e}z, äjt-^{e}g^{e}z-ch'^{e}, zinhar ...
Entschuldigung macht-ihr, sagt-ihr-bitte, bitte
Entschuldigung, würden Sie bitte sagen ...

Nịndi jonga chäbär-lär bor?
welche neue Nachricht-Mz es-gibt
Was gibt es Neues?

Bik jochsch^y/äjbät!	**Normal!**
sehr gut	*normal*
Wunderbar!	Normal!

Bu min^{e}m ^{ü}ch'^{u}n küng^{e}ll^e.	**Älbättä.**
das ich-2 für angenehm	*natürlich*
Das ist mir angenehm.	Natürlich./Gewiss!

Floskeln & Redewendungen

Shäl!/Qyzghanych'!
schade
Schade!

Iskitkech'!
merkwürdig
Es ist merkwürdig!

Bel-m-i-m.
wissen-nicht-GE-ich
Ich weiß nicht.

Äjt-ä ol-m-yj-m.
sagen-GE können-nicht-GE-ich
Ich kann es nicht sagen.

Äjje, dürüs! *ja, richtig*	Stimmt!, Genau!
Juq, olaj tügel. *nein, so nicht*	Nein, so war das nicht.
Boryber. *egal*	(Das ist) egal.
Riza.	Einverstanden.
Juq, bu mümkin tügel. *nein, das möglich nicht*	Nein, das geht nicht.
Woqyt-ym juq. *Zeit-meine nein*	Ich habe keine Zeit.
Schulaj-myni? *so-?*	Wirklich? (Ist das so?) (bei Erstaunen)
Nindi motur! *wie hübsch*	Wie hübsch!
Qutuch'quch' chäl bu! *schreckliche Lage das*	Wie schrecklich!
Ni bul-dy? *was werden-BV*	Was ist los?
Soq bul! *vorsichtig sei*	Achtung! Vorsicht!
Berni eschläp bul-m-yj. *nichts gemacht werden-nicht-GE*	Da kann man nichts machen.

Bitten, Danken, Wünschen

Für das Bitten und Danken gibt es viele Floskeln. Unterscheiden Sie zwischen „bitte" als Aufforderung an jemanden, „bitte" als Angebot und „bitte" als Antwort auf einen Dank.

um etwas bitten

Eine Bitte kann sich in der Silbe -ch'ʸ/-ch'ᵉ/-ch'ᵘ/-ch'ᵘ̈ (Lautharmonie!) ausdrücken.

Minga Qozan-gha bᵉr bilet biṛ-ᵉgᵉz-ch'ᵉ.
ich-4 Kasan-4 Karte(3) gebt-ihr-bitte
Geben Sie mir bitte eine (Fahr-)Karte nach Kasan.

Statt der genannten Silbe gebraucht man auch das Wort älᵉ mit derselben Bedeutung:

Äjt-ᵉgᵉz älᵉ, pojest qojch'an kit-ä?
sagt-ihr bitte, Zug wann abfahren-GE
Sagen Sie bitte, wann fährt der Zug ab?

Die dritte Möglichkeit, eine Bitte auszudrücken ist das Wort ziṇhaṛ, das mit dem deutschen „bitte" identisch ist.

Minga mᵘnᵘ biṛ, ziṇhaṛ.
ich-4 das-3 gib, bitte
Gib mir das, bitte.

Bitten, Danken, Wünschen

bitten (anbieten)

In der Bedeutung von „anbieten" benutzt man den Ausdruck rächim it(-ᵉgᵉz), der wörtlich „mach (machen Sie) Gnade" bedeutet.

Bᵉr plitka schokolad bir-ᵉgᵉz älᵉ.
eine Tafel Schokolade gebt-ihr bitte
Eine Tafel Schokolade, bitte.

Mᵉnä, rächim it-ᵉgᵉz.
hier, Gnade macht-ihr
Hier, bitte.

danken

Rächmät!
Dank
Danke!

Zur rächmät!
großer Dank
Vielen Dank!

Ch'ᵞn küngᵉl-dän rächmät!
sehr großer Dank
Vielen Dank!

Bik zur rächmät!
echt Herz-6 Dank
Herzlichen Dank!

Minᵉm sᵉz-gä rächmät-ᵉm zur.
mein Ihnen Dank-mein groß
Ich bin Ihnen sehr dankbar.

Kilgän-ᵉng ᵘch'ᵘn rächmät.
gegangen-dein für Dank
Danke für deinen Besuch.

Bitten, Danken, Wünschen

Näzirä, Märzijä, Musa *und* Sobir *sind tatarische Vornamen.*

Büläg-eng üchün rächmät, Näzirä.
Geschenk-dein für Dank, Näsirä
Danke für dein Geschenk, Näsirä.

Joryj, Märzijä.
schon-gut, Märsijä
Keine Ursache, Märsijä. *(Antwort auf Danke)*

Sow bul(-yghyz).
gesund seid(-ihr)
Bitte schön. *(Gegenantwort)*

Järdäm-egez üchün rächmät, Musa obyj.
Hilfe-eure für Dank, Mussa Onkel
Danke für Ihre Hilfe, Onkel Mussa.

Berni tügel, Sobir.
nichts nicht, Sobir
Keine Ursache, Sobir. *(Antwort auf Danke)*

Kingäsch-egez-gä zur rächmät!
Rat-euer-4 großer Dank
Vielen Dank für Ihren Rat!

Bulyschuw-yghyz üchün rächmät
Unterstützung-eure für Dank
Danke für Ihre Unterstützung!

wünschen

Sez-ne ... belän täbrik it-ä-m.
ihr-3 ... mit Gratulation tun-GE-ich
Ich gratuliere Ihnen zu(m) ...!

82 | siksän ike

Bitten, Danken, Wünschen

tughan k^ün-^eg^ez	Geburtstag
Geburt Tag-eurer	
jonga j^yl	Neujahr
neues Jahr	
bäjräm	Fest

Rächmät, s^ez-n^e/sin^e dä schulaj-uq.
Dank, ihr-3/du-3 auch gleichfalls
Danke, ebenfalls. *(gesiezt/geduzt)*

S^ezgä ... t^el-i-m. (+3)
euch ... wünschen-GE-ich
Ich wünsche Ihnen ...

bäch^et	Glück
sälämätl^ek	Gesundheit
ung^ysch	Erfolg

Q^utlargha m^ümk<u>i</u>n-m^e.
gratulieren möglich-?
Darf man gratulieren?

Q^utlaw-^ygh^yz ^üch'^ün rächmät.
Gratulierung-eure für Dank
Danke für Ihre Gratulation.

S^ez-n^e dä q^utl-yj-m!
ihr-3 auch gratulieren-GE-ich
Ich gratuliere Ihnen ebenfalls!

Armyj ^eschlä-g^ez!
unermüdlich arbeitet-ihr
Arbeiten Sie unermüdlich!

Armyj ^eschlä-g^ez! *ist ein Gruß an einen Arbeitenden.*

Bitten, Danken, Wünschen

Olla järdäm birsᵉn!
Gott Hilfe soll-geben
Grüß dich (euch, Sie) Gott!

So wünscht man jemandem ein langes Leben:

Küp jäschä!   **Jüz jäschä!**   **Mᵉn jäschä!**
viel lebe   *hundert lebe*   *tausend lebe*

Und so kann man einem Mädchen zu seinem Geburtstag gratulieren:

Süjkᵉmlᵉ Läjlä!
liebe Läjlä
Liebe Läjlä!

Sinᵉ tughan künᵉng bᵉlän täbrikl-i-m.
dich Geburt Tag-dein mit gratulieren-GE-ich
Ich gratuliere dir zu deinem Geburtstag.

Singa bächᵉt, zur ungʸsch-lar, motur tᵘrmᵘsch tᵉl-i-m.
dir(4) Glück(3), groß Erfolg-Mz(3), schönes Leben(3) wünschen-GE-ich
Ich wünsche dir Glück, große Erfolge und ein schönes Leben.

Bächᵉtlᵉ bul, homan güzäl bul, nurlᶻ bul!
glücklich sei immer hübsch sei freudig sei
Sei glücklich, sei immer hübsch, sei freudig!

Zustimmen & Ablehnen

Es gibt eine Reihe wichtiger Floskeln, die Zustimmung oder Ablehnung ausdrücken.

einverstanden sein

Äjj^e, jochsch^y.   **D^{ü}r^{ü}s.**   **Älb$\underline{\text{ä}}$ttä.**
ja, gut   *richtig*   *natürlich*
Ja, gut.   Richtig.   Natürlich./Gewiss.

Bik äjbät.   **Sin/s^{e}z choql^y.**
sehr gut   *du/ihr recht*
Sehr gut.   Du hast / Sie haben Recht.

M^{ü}mkin.   **Min riza.**
möglich   *ich einverstanden*
Es ist möglich.   Ich bin einverstanden.

Min qorsch^y kil-m-i-m.
ich gegen kommen-nicht-GE-ich
Ich habe nichts dagegen.

bedauern, sich entschuldigen

B^{e}l-m-i-m.
wissen-nicht-GE-ich
Ich weiß nicht.

Täghaj^{y}n äjtä $\underline{\text{o}}$l-m-yj-m.
bestimmt sagen-GZ können-nicht-GE-ich
Genau kann ich das nicht sagen.

siksän bisch

Das erste Gespräch

Juq, rächmät.
nein, danke
Nein, danke.

S^ez choql^y tüg^el.
ihr recht nicht
Sie haben Unrecht.

M^ümkin tüg^el.
möglich nicht
Das ist unmöglich.

Min riza tüg^el.
ich einverstanden nicht
Ich bin nicht einverstanden.

D^ür^üs tüg^el.
richtig nicht
Das ist nicht richtig.

T^elä-m-i-m.
wollen-nicht-GE-ich
Ich will nicht.

S^ez jolgh^ysch-<u>a</u>-s^yz.
ihr sich-irren-GE-ihr
Sie irren sich.

Q^yzghan^ych', läkin ...
schade, aber
Ich bedauere sehr, aber ...

Das erste Gespräch

Bei einem ersten Gespräch werden wahrscheinlich folgende Phrasen ausgetauscht.

sich vorstellen

Man interessiert sich für Ihren Namen, Ihre Herkunft und Ihren Beruf.

Sin k^em?
du wer
Wer bist du?

Is^em-^eng n<u>i</u>ch'^ek?
Name-dein wie
Wie ist dein Name?

S^ez k^em?
ihr wer
Wer sind Sie?

Is^em-^eg^ez n<u>i</u>ch'^ek?
Name-euer wie
Wie ist Ihr Name?

Das erste Gespräch

Min^em is^em-^em ... **Min^em familija-m ...**
mein Name-mein *mein Nachname-mein*
Mein Vorname ist ... Mein Nachname ist ...

Ton^ysch bu̇l-^ygh^yz.
bekannt macht-ihr
Machen Sie bekannt!

Bu – Rämzijä Ibrahimova.
das – Rämsijä Ibrahimova
Das ist Rämsijä Ibrahimowa.

Ä bu – Chälim Räschi̇tov.
und das – Chälim Räschitov
Und das ist Chälim Räschitow.

Der Gedankenstrich wird auch im Kyrillischen geschrieben. Er deutet hier eine Sprechpause an, die durch das fehlende Verb „ist" entsteht.

Herkunft

Qojdan kil-d-^eng?
woher kommen-GE-du
Woher kommst du?

Qojdan kil-d^e-g^ez?
woher kommen-GE-ihr
Woher kommen Sie/kommt ihr?

Min Germanija-dan kil-d^e-m.
ich Deutschland-6 kommen-BV-ich
Ich komme aus Deutschland.

Avstrija-dan	aus Österreich
Österreich-6	
Schvejtsarija-dan	aus der Schweiz
Schweiz-6	

siksän sh'id^e | **87**

Das erste Gespräch

Qojs^y schähär-dän kil-d^e-g^ez?
welche Stadt-6 kommen-BV-ihr
Aus welcher Stadt kommen Sie?

Min Berlin-dän kil-d^e-m.
ich Berlin-6 kommen-BV-ich
Ich komme aus Berlin.

B^ez Hamburg-dan kil-d^e-k.
wir Hamburg-6 kommen-BV-wir
Wir kommen aus Hamburg.

Grund der Reise

Min Totarstan-gha turist bularaq kil-d^e-m.
ich Tatarien-4 Tourist als kommen-BV-ich
Ich bin als Tourist nach Tatarien gekommen.

korrespondent	als Korrespondent
ghälim	als Wissenschaftler
sportch'^y	als Sportler
biznesmen	als Unternehmer

Schähär-^eb^ez-dä qojda t^ur-<u>a</u>-s^yz?
Stadt-unser-5 wo wohnen-GE-ihr
Wo wohnen Sie in unserer Stadt?

Gost<u>i</u>nitsa-da t^ur-a-m.
Hotel-5 wohnen-GE-ich
Ich wohne in einem Hotel.

Qojs^y gost<u>i</u>nitsa-da t^ur-<u>a</u>-s^yz?
welches Hotel-5 wohnen-GE-ihr
In welchem Hotel wohnen Sie?

siksän sig^ez

Das erste Gespräch

"Idᵉl" gostᵢnitsa-sᶻ-nda tᵘr-a-m.
Idel Hotel-sein-5 wohnen-GE-ich
Ich wohne im Hotel „Idel".

Sᵉz schähär-ᵉbᵉz-dä närsä ᵉschl-ᵢ-sᵉz?
ihr Stadt-unser-5 was machen-GE-ihr
Was machen Sie in unserer Stadt?

Min jol it-ä-m. **Min otpusk-ta.**
ich Erholung machen-GE-ich ich Urlaub-5
Ich erhole mich. Ich bin auf Urlaub.

Altersangabe

Sᵉzgä nᵢch'ä jäsch? **Singa nᵢch'ä jäsch?**
ihr-4 wieviel Alter *du-4 wieviel Alter*
Wie alt sind Sie? Wie alt bist du?

Minga jᵉgᵉrmᵉ (utʸz, qʸrʸq, illᵉ) jäsch.
ich-4 zwanzig (dreißig, vierzig, fünfzig) Alter
Ich bin 20 (30, 40. 50) Jahre alt.

Beruf

Sᵉz kᵉm bulʸp ᵉschl-ᵢ-sᵉz? **Min – dinggᵉzch'ᵉ.**
ihr wer als arbeiten-GE-Sie *ich – Seemann*
Was sind Sie von Beruf? Ich bin Seemann.

Dust-ʸghʸz kᵉm? **Ul – ᵘch'uch'ʸ.**
Freund-euer wer *er – Flieger*
Was ist Ihr Freund? Er ist Flieger/Pilot.

Das erste Gespräch

ᵉschch'ᵉ	Arbeiter
chᵉzmätkär	Angestellter
ᵉschsᵉz	arbeitslos
vrach'	Arzt
ikmäk pᵉschᵉrüch'ᵉ	Bäcker
Brot Bäcker-sein	
krestjan	Bauer
chimik	Chemiker
tärsh'ᵉmäch'ᵉ, tʸlmach'	Dolmetscher
fotograf	Fotograf
säwdägär	Händler
komersant	Geschäftsmann
jᵘrt chush'asʸ	Hausfrau
Haus Wirt-sein	
inshener	Ingenieur
shurnalist	Journalist
povar	Koch
chudoshnik	Künstler
uqʸtuch'ʸ	Lehrer
uqʸtuch'ʸ chotʸn	Lehrerin
mechanik	Mechaniker
muzykant	Musiker
politik	Politiker
advokat, joqlawch'ʸ	Rechtsanwalt
pensioner	Rentner
tᵉgüch'ᵉ	Schneider
itᵉkch'ᵉ	Schuster
uquch'ʸ	Schüler
student	Student
taksich'ʸ	Taxifahrer
predrinimatel	Unternehmer
bolta ᵘstasʸ	Zimmermann
Axt Meister-ihr	

Sᵉz-gä schähär-ᵉbᵉz ᵘsch-yj-mʸ?
ihr-4 Stadt-unsere gefallen-GE-?
Gefällt es Ihnen in unserer Stadt?

Äjjᵉ, schähär-ᵉgᵉz i̱skitkᵉch'/bi̱k-kürkäm.
ja, Stadt-eure wundervoll/herrlich
Ja, Ihre/eure Stadt ist wundervoll/herrlich.

Zeit & Datum

Um sich zu verabreden oder auch um nur zu verstehen, wann der nächste Bus fährt, sind Zeitangaben wichtig.

allgemeine Zeitangaben

täwlᵉk	Zeitraum v. 24 Std.
kᵘn – tᵘn	Tag – Nacht
kich'	Abend
irtän – tᵘsch	morgens – mittags
tᵘsch-tän sᵘng	nachmittags
Mittag-6 nach	
kich'ᵉn	abends
ᵘch'ᵘnch'ᵉ kᵘn	vorgestern
dritter Tag	
kich'ä – bügᵉn	gestern – heute
irtägä	morgen
bᵉrsᵉkᵘn-gä	übermorgen
chäzᵉr – tizdän	jetzt – bald
irtä – sᵘng	früh – spät
älᵉ – indᵉ	noch – schon

Zeit & Datum

Sᵉz qojch'an qojt-a-sʸz?
ihr wann kommen-GE-ihr
Wann kommt ihr / kommen Sie?

Sin qojch'an qojt-a-sʸng?
du wann kommen-GE-du
Wann kommst du?

Bᵉz bügᵉn qojt-a-bʸz.
wir heute kommen-GE-wir
Wir kommen heute.

Min irtägä qojt-a-m.
ich morgen kommen-GE-ich
Ich komme morgen.

ikᵉ kᵘn-nän	**sh'äjᵉn**	**qʸschʸn**
zwei Tag-6	*im-Sommer*	*im-Winter*
in zwei Tagen	im Sommer	im Winter

bʸjʸl	**kiläsᵉ otna-da**	**kiläsᵉ oj-da**
dieses Jahr	*nächste Woche-5*	*nächster Monat-5*
dieses Jahr	nächste Woche	nächsten Monat

Uhrzeit

säghät	Stunde, Uhr
minut	Minute
sekund	Sekunde

Auch die Antworten auf die Fragen nach der Uhrzeit werden im Tatarischen ganz anders konstruiert als im Deutschen.

Säghät nich'ä?
Zeit wieviel
Wie spät ist es?

Nich'ä säghät-tä?
wieviel Uhr-6
Um wie viel Uhr?

Zeit & Datum

Chäz^er säghät ik^e. **Olt^y-nch'^y unbisch minut.** *Für die Angabe der*
jetzt Uhr zwei *sechste fünfzehn Minute* *Uhrzeit werden oft*
Jetzt ist es zwei Uhr. Es ist Viertel nach fünf. *Ordnungszahlen*
 benötigt.

Sig^ez tul^yp j^eg^erm^e minut. **Dürt-^ench'^e jort^y.**
acht abgelaufen zwanzig Minute *vierte Hälfte*
Es ist 20 Minuten nach acht. Es ist halb vier.

Sh'id^e tul-^yrgha un minut qol-d^y.
sieben ablaufen zehn Minute bleiben-BV
Es ist zehn vor sieben.

^üch' tul-^yrgha bisch minut.
drei ablaufen fünf Minute
Es ist fünf Minuten vor drei.

Unbisch minut-tan sh'id^e tul-a.
fünfzehn Minute-6 sieben ablaufen-GE
Es ist Viertel vor sieben.

J^eg^erm^e minut-tan – sh'id^e.
zwanzig Minute-6 sieben
Es ist 20 Minuten vor sieben.

K^ünd^üzg^e ik^e. **T^üngg^ü b^er.**
tags zwei *nächtlich eins*
Es ist zwei Uhr Es ist ein Uhr nachts.
nachmittags.

Sh'id^e säghät un minut.
sieben Uhr zehn Minute
Es ist 7.10 Uhr.

tuqsan ^üch'

Zeit & Datum

Jahreszeiten

joz	Frühling	joz^yn	im Frühling
sh'äj	Sommer	sh'äj^en	im Sommer
k^üz	Herbst	k^üz^ün	im Herbst
q^ysch	Winter	q^ysch^yn	im Winter

Wochentage

otna	Woche
düschämb^e	Montag
sischämb^e	Dienstag
ch'ärschämb^e	Mittwoch
pänch'^eschämb^e	Donnerstag
sh'^umgha	Freitag
schimbä	Sonnabend
jäkschämb^e	Sonntag

Büg^en düschämb^e.
heute Montag
Heute ist Montag.

Monate

Die Monatsnamen klingen nicht nur für deutsche Ohren für vertraut.

janvar	Januar	ijul	Juli
fevral	Februar	a̱vgust	August
mart	März	sentja̱b^yr	September
aprel	April	oktja̱b^yr	Oktober
maj	Mai	noja̱b^yr	November
ijun	Juni	deka̱b^yr	Dezember

Datum

Büg^en nich'ä-s^e?
heute wieviel-sein
Der Wievielte ist heute?

Büg^en un-^ynch'^y maj / j^egerm^e b^er-^ench'^e sentjab^yr.
heute zehnter Mai/zwanzig erster September
Heute ist der 10. Mai/der 21. September.

Irtägä – bisch-^ench'^e avgust.
morgen fünfter August
Morgen ist der 5. August.

Zu Gast sein

Falls Sie während Ihrer Reise mit Tataren näher bekannt werden, laden sie Sie wahrscheinlich zum Abendessen ein. Sie bekommen dann eine gute Möglichkeit, das Land und seine Leute kennen zu lernen. In der Sprache gibt es für eine Einladung viele Ausdrücke. Das kann z. B. so klingen:

Helmut, min si-n^e büg^en qunaq-qa ch'oq^yr-a-m.
Helmut, ich du-3 heute Gast-4 einladen-GE-ich
Helmut, ich lade dich heute zu Besuch ein.

Zu Gast sein

**Kich'ᵉn bᵉz-gä qunaq-qa ki̱l-ᵉgᵉz,
bᵉz bik schot bul-ach'a̱q-bʸz.**
*am-Abend zu-wir-4 Gast-4 kommt-ihr,
wir sehr froh werden-BZ-wir*
Kommen Sie am Abend zu uns zu Besuch,
das macht uns Freude.

Bᵉz-gä tuj-gha ch'oqʸr-a̱-bʸz!
wir-4 Hochzeit-4 einladen-GE-wir
Wir laden auf unsere Hochzeit ein!

Ch'oqʸru ᵘch'ᵘn zur rächmät.
Einladung für großer Dank
Vielen Dank für die Einladung.

Wenn man zu einem großen Fest (bäjräm) eingeladen wird, zieht man die Schuhe natürlich nicht aus.

Das moderne tatarische Haus unterscheidet sich von einem europäischen nicht. Die Straßen sind aber nicht so sauber wie in Deutschland, deshalb zieht man beim Betreten eines Wohnraumes seine Schuhe aus.

Wird man nach Haus eingeladen, freuen sich die Gastgeber, wie überall in der Welt, über ein kleines Geschenk. Als kleines Geschenk können Sie Ihrem Gastgeber mitbringen: ein Andenken aus Ihrem Land, Cognac, Wein oder Wodka in einer schönen Flasche, eine Delikatesse, Süßigkeiten für die Kinder, Blumen für die Gastgeberin (immer eine ungerade Anzahl von Blumen!).

Zinhar, kᵉr/kᵉr-ᵉgᵉz!
bitte, herein/herein-ihr
Bitte, herein! *(du/Sie)*

Zu Gast sein

Ch'äj ech'-egez!   **Chusch kil-de-gez!**
Tee(3) trinkt-ihr   *angenehm kommen-BV-ihr*
Trinken Sie Tee!   Willkommen!

Sez gübädijä/pilmän/qystybyj jarat-a-syz-my?
ihr Gübädijä/Pilmän/Kystybyj mögen-GE-ihr-?
Mögen Sie Gübädijä/Pilmän/Kystybyj?
(tatarische Gerichte)

Wenn Tataren zu Tisch bitten, beschränkt man sich nicht auf Tee und Süßigkeiten, der Gast wird reichlich bewirtet. Tee aber wird immer auf dem Tisch stehen.

die liebe Verwandtschaft

ota, otaj – ona, äni	Vater – Mutter
obyj, obzyj – tüti, tätäj	Onkel – Tante
ul – qyz	Sohn – Tochter
bobaj	Großvater
äbi	Großmutter
unuq – unuqa	Enkel – Enkelin
obyj, obzyj	älterer Bruder
ene	jüngerer Bruder
opa	ältere Schwester
sengel	jüngere Schwester
ir – chotyn	Ehemann – Ehefrau
bosh'a, bosh'aj	Schwager
qojynigäch'	ältere Schwägerin
qojyn sengel	jüngere Schwägerin
qojynata, qojynataj	Schwiegervater
qojynana	Schwiegermutter
kijäw	Schwiegersohn
kilen	Schwiegertochter
kijäw bulasy kesche	Bräutigam
Schwiegersohn werdender Mensch	
järäschkän qyz	Braut
verlobtes Mädchen	

In der traditionellen moslemischen Gesellschaft spielt die Frau eine untergeordnete Rolle.

tuqsan sh'ide

Zu Gast sein

S^ez ^üjlänggän-m^e?
ihr verheiratet-?
Sind Sie verheiratet?
(zu einem Mann)

S^ez kijäwdäg^e-m^e?
ihr verheiratet-?
Sind Sie verheiratet?
(zu einer Frau)

Bola-lar-^ygh^yz b<u>o</u>r-m^y?
Kind-Mz-euer es-gibt-?
Haben Sie Kinder?

Äl^e juq.
noch nein
Nein, noch nicht.

Ä̆jj^e, min^em b^er ul-^ym häm b^er q^yz-^ym bor.
ja, mein ein Sohn-mein und eine Tochter-meine es-gibt
Ja, ich habe einen Sohn und eine Tochter.

Min^em ul-^ym-a bisch jäsch.
mein Sohn-mein-4 fünf Alter
Mein Sohn ist fünf Jahre alt.

Fotoräs^em-^e b<u>o</u>r-m^y?
Foto-sein es-gibt-?
Haben Sie ein Foto dabei?

Unterwegs

In Tatarien – ebenso wie in anderen Regionen Russlands – halten die Namen von Straßen und Plätzen nicht ewig. Politische Regimes ändern sich, und dann werden auch wieder Straßen/Gebäude umbenannt. Wenn Sie nach dem Weg fragen, müssen Sie bedenken, dass viele entweder den alten oder den neuen Namen nicht kennen.

... in der Stadt

Bu uram/mäjdän nich'ek otal-a?
diese Straße/Platz wie heißen-GE
Wie heißt diese Straße/dieser Platz?

Bu park nich'ek otal-a?
dieser Park wie heißen-GE
Wie heißt dieser Park?

Vogzal-gha chätle nich'ek boryrgha?
Bahnhof-4 bis wie gehen
Wie komme ich (kommen wir) zum Bahnhof?

Chäzer bez qojda?
jetzt wir wo
Wo sind wir jetzt?

Bez chäzer schähär üzäg-e-ndä.
wir jetzt Stadt Zentrum-ihr-5
Wir befinden uns jetzt im Stadtzentrum.

Unterwegs

In den nebenstehenden Satz kann man die Wörter der folgenden Liste unverändert einsetzen.

Min ...(nʸ) ᵉzl-i-m.
ich ...(-3) suchen-GE-ich
Ich suche ...

экскурсия	**ekskursija**	Ausflug
чыгу урыны	**ch'ʸghu urʸnʸ** *Ausgehen Stelle-seine*	Ausgang
китапханә	**kitapchänä**	Bibliothek
күпер	**küpᵉr**	Brücke
һәйкәл	**häjkäl**	Denkmal
авыл	**owʸl**	Dorf
керү урыны	**kᵉrü urʸnʸ** *Eingehen Stelle-seine*	Eingang
тыкрык	**tʸqrʸq**	Gasse
культура сарае	**kultura sorajʸ** *Kultur Palast-ihr*	Kulturpalast
музей	**muzej**	Museum
урын	**urʸn**	Ort, Stelle
сарай	**soraj**	Palast
парк	**park**	Park
мәйдан	**mäjdan**	Platz
замок	**zamok**	Schloss
күренекле урын	**kürᵉnᵉklᵉ urʸn** *hervorragende Stelle*	Sehenswürdigkeit
стадион	**stadion**	Stadion
шәһәр	**schähär**	Stadt
шәһәр планы	**schähär plan-ʸ** *Stadt Plan-ihr*	Stadtplan
урам	**uram**	Straße
театр	**teatr**	Theater
университет	**universitet**	Universität
зоопарк	**zoopark**	Zoo

100 | jüz

Qozan-da nindi qʸzʸqlʸ urʸn-nar-nʸ kürᵉrgä mᵘmkin?
Kasan-5 welche interessante Stelle-Mz-3 sehen möglich
Was Interessantes kann man in Kasan sehen?

керү урыны	k^erü ur^yn^y	Eingang/Einfahrt
чыгу урыны	ch'ʸghu urʸnʸ	Ausgang
чыгу юлы	ch'ʸghu julʸ	Ausfahrt
урау юл	uraw jul	Umleitung
керергә тыела!	kᵉrᵉrgä tʸjʸla	Betreten verboten!
куркыныч!	qurqʸnʸch'	Achtung!
стоп! тукта!	stop! tuqta!	Stopp!
ябык	jobʸq	Gesperrt!

Schul urʸn-gha jʸraq-mʸ? Juq, jʸraq tügᵉl.
jene Stelle-4 weit-? nein, weit nicht
Ist es weit bis dorthin? Nein, es ist nicht weit.

Äjjᵉ, bu schähär-dän ch'ittä.
ja, das Stadt-6 außerhalb
Ja, es liegt außerhalb der Stadt.

Turʸgha ch'ot-qa qädär borʸghʸz.
geradeaus Kreuzung-4 bis geht-ihr
Gehen Sie geradeaus bis zur Kreuzung.

Onnan-sᵘng sul-gha borʸghʸz.
dann links-4 geht-ihr
Dann gehen Sie links.

Unterwegs

Mᵘnᵘ karta-da kürsät-ᵉgᵉz.
das-3 Karte-5 zeigt-ihr
Zeigen Sie das bitte auf der Karte.

... mit öffentlichen Verkehrsmitteln

In größeren Städten gibt es viele Linien und gewöhnlich kann man in Zeitungskiosken einen Linienplan kaufen. Haben Sie keinen Plan, müssen Sie die anderen Fahrgäste fragen.

In allen Städten gibt es mindestens eins der folgenden öffentlichen Verkehrsmittel: Bus, Straßenbahn oder Trolleybus. An den Haltestellen können Sie folgende Schilder sehen:

АВТОБУС	**awtobus**	Bus
ТРАМВАЙ	**tramvaj**	Straßenbahn
ТРОЛЛЕЙБУС	**trolejbus**	Trolleybus
ТУКТАЛЫШ	**tuqtalʸsch**	Haltestelle

Bu tramvaj qoja bor-a?
diese Straßenbahn wohin gehen-GE
Wohin fährt diese Straßenbahn?

Bu marschrut-ta nich'änch'ᵉ awtobus bor-a?
diese Linie-5 wievielte Bus gehen-GE
Welcher Bus fährt auf dieser Linie?

Trolejbus tuqtalʸsch-ʸ qojda?
Trolleybus Haltestelle-seine wo
Wo ist die O-Bus-Haltestelle?

Schunda awtobus-qa utʸrʸp borʸrgha mᵘmkin-mᵉ?
dorthin Bus-4 sich-gesetzt fahren möglich-?
Kann man mit einem Bus dorthin kommen?

102 | jüz ikᵉ

... awtobus-ʸ qojch'an kit-ä?
... Bus-sein wann abfahren-GE
Wann fährt der Bus nach ... ab?

Minga qojch'an tᵘschärgä kiräk?
ich-4 wann aussteigen nötig
Wann muss ich aussteigen?

Min ... tuqtalʸsch-ʸ-nda tᵘsch-ä-m.
ich ... Haltestelle-seine-5 aussteigen-GE-ich
Ich steige an der Haltestelle ... aus.

Sᵉz-gä ikᵉnch'ᵉ/ᵘch'ᵘnch'ᵉ/dürtᵉnch'ᵉ tuqtalʸsch-ta tᵘschärgä kiräk.
ihr-4 zweite/dritte/vierte Haltestelle-5 ausgehen nötig
Sie müssen an der 2./3./4. Haltestelle aussteigen.

Bagasch ᵘch'ᵘn küpmᵉ tülärgä kiräk?
Gepäck für wieviel zahlen nötig
Wie viel muss ich fürs Gepäck zahlen?

... mit dem Taxi

Die öffentlichen Verkehrsmittel sind natürlich nicht so bequem wie ein Taxi, aber man ist damit schneller als zu Fuß und man kann praktisch jeden Punkt der Stadt kostengünstig erreichen.

Wenn Sie nicht allzu viel bezahlen wollen, nehmen Sie sich bitte kein Taxi vor touristischen Brennpunkten (Flughafen, Sehenswürdigkeiten)! Hier setzen sowohl Taxifahrer als auch Privatwagenfahrer Wucherpreise fest.

An touristischen Brennpunkten sind Sie mit öffentlichen Verkehrsmitteln besser beraten.

Taksi ol-yjk.
Taxi nehmen-wir
Nehmen wir ein Taxi!

Unterwegs

Neben Taxen können Sie übrigens auch Privatwagen „anheuern". Das ist in Tatarien durchaus üblich! Hinsichtlich Preise und Bedienung gibt es keinen Unterschied. Verständigen Sie sich über den Preis beim Einsteigen.

ТАКСИ	
taksi	Taxi
МАРШРУТЛЫ ТАКСИ	
marschrutlʸ taksi	Linien-/Sammeltaxi
Linien Taxi	
ТАКСИ ТУКТАЛУ УРЫНЫ	
taksi tuqtalu urʸn-ʸ	Taxistand
Taxi Halten Stelle-sein	

Minᵉm ü̆ch'ü̆n taksi-gha zakaz bi̱r-ᵉgᵉz-ch'ᵉ.
ich-2 für Taxi-4 Bestellung gebt-ihr-bitte
Bestellen Sie mir bitte ein Taxi. (im Hotel)

Bagash-ʸghʸz bo̱r-mʸ?
Gepäck-euer es-gibt-?
Haben Sie Gepäck?

Äjjᵉ, bor. **Juq, bagash-ʸm juq.**
ja, es-gibt   *nein, Gepäck-mein nein*
Ja, ich habe.   Nein, ich habe kein Gepäck.

Minᵉm bᵉr tschemodan-ʸm bor.
mein ein Koffer-mein es-gibt
Ich habe einen Koffer.

Sᵉz qo̱ja borʸgha tᵉl-i̱-sᵉz?
ihr wohin fahren wollen-GE-ihr
Wohin wollen Sie fahren?

Vogzal-gha, zinhar.
Bahnhof-4, bitte
Zum Bahnhof, bitte.

104 | **jü̆z dürt**

Unterwegs

Min oschʸ**gh-a-m.**   **M**ᵘ**nda t**u**qta-gh**ʸ**z.**
ich eilen-GE-ich   *hier anhaltet-ihr*
Ich habe es eilig.   Halten Sie hier an.

Biräch'äg-e**m küpm**e**?**
Schuld-meine wieviel
Wie viel bin ich schuldig?

... mit der Eisenbahn

In größeren Städten kann man vom Hotel aus Bahnfahrkarten telefonisch bestellen und sie sich ins Hotel bringen lassen. In kleineren Orten muss man sich für seine Fahrkarte selber in eine Schlange an der Kasse stellen ...

Es gibt verschiedene Arten von Zügen und Waggons. Nur wenige Züge haben bequeme Wagen und gute Bedienung. Züge für den Vorort- und Kurzstreckenverkehr sind meist recht spartanisch eingerichtet.

Die meisten Züge haben in jedem Wagen einen Schaffner (provodnik), der den Wagen heizt, das Bettzeug austeilt und Tee kocht.

Eine Reise mit der Eisenbahn ist zwar nicht immer so bequem, aber wenigstens aus einem Grund nützlich: Oft kann man interessante Bekanntschaften machen, und das wünscht sich ja jeder Globetrotter.

касса	**kassa**	Schalter, Kasse
көтү залы	**k**ᵘ**tü zal-**ʸ	Wartesaal
	Warten Saal-sein	
китү	**kitü**	Abfahrt
килү	**kilü**	Ankunft

Uljanowsk pojezd-ʸ **qojch'an kit-ä?**
Uljanowsk Zug-sein wann abfahren-GE
Wann fährt ein Zug nach Uljanowsk?

Unterwegs

Bufet/medpunkt qojda?
Imbisshalle/Sanitätsraum wo
Wo ist die Imbisshalle/der Sanitätsraum?

вокзал	**vogzal**	Bahnhof
платформа	**platf<u>o</u>rma**	Bahnsteig
юл	**jul**	Gleis
тимер юл	**tim^er jul**	Eisenbahn
	Eisen Bahn	
(тиз йөрешле)	**(tiz j^ür^üschl^t) pojest**	(Schnell-)Zug
поезд	*(schnell fahrender) Zug*	
спальный вагон	**sp<u>a</u>lnyj-vagon** *(russ.)*	Schlafwagen
	Schlaf-Wagen	
вагон-ресторан	**vagon-restoran**	Speisewagen
	Wagen-Restaurant	
станция	**st<u>a</u>ntsija**	Station
багаж	**bagasch**	Gepäck
багаж саклау камерасы	**bagasch soqlaw k<u>a</u>mera-s^y**	Gepäckaufbewahrung
	Gepäck Aufbewahrung Kammer-seine	
поездлар расписаниесе	**p<u>o</u>jezd-lar paspis<u>a</u>nije-s^e**	Fahrplan
	Zug-Mz Plan-ihr	

Minga ...gha/gä j^uschmaq vagon-gha b^er bilet b<u>i</u>r-^eg^ez.
ich-4 ...-4 weicher Wagen-4 eine Fahrkarte(3) gebt-ihr
Ich möchte eine Fahrkarte 1. Klasse nach ...

Eine „Platzkarte" braucht man immer dann, wenn man weit fährt und auch im Zug schlafen möchte. Für „kurze" Strecken (3-4 Stunden) wählt man die preiswertere „Fahrkarte".

Unterwegs

bilet	Fahrkarte	билет
pla(t)skart	Platzkarte	плацкарт
kir^e qojtu bilet-ᵞ	Rückfahrkarte	кире кайту билеты
zurück Zurückkehren Fahrkarte-seine		
kich'ᵉgü	Verspätung	кичегү
tᵘgäl	pünktlich	төгәл
jᵘmschaq vagon	erste Klasse	йомшак вагон
weicher Wagen		
qotᵞ vagon	zweite Klasse	каты вагон
harter Wagen		
schunda häm kir^e	hin und zurück	шунда һәм кире
dorthin und zurück		

Pojest qojch'an kil-ä?
Zug wann ankommen-GE
Wann kommt der Zug an?

Pojest näq woqᵞt-ᵞ-nda kil-ä.
Zug genau Zeit-seine kommen-GE
Der Zug kommt rechtzeitig an.

Pojest kich'ᵉg-ä.
Zug sich-verspäten-GE
Der Zug hat Verspätung.

Bu vagon tämäkᵉch'ᵉ-lär ᵘch'ᵘn-mᵉ?
dieser Wagen Raucher-Mz für-?
Ist das der Raucherwagen?

Juq, bu vagon tämäkᵉch'ᵉ-lär ᵘch'ᵘn tügᵉl.
nein, dieser Wagen Raucher-Mz für nicht
Nein, dies hier ist ein Nichtraucher-Wagen.

Unterwegs

S^ez qoja bor-a-s^yz? **Min Mäskäw-gä bor-a-m.**
ihr wohin fahren-GE-ihr *ich Moskau-4 fahren-GE-ich*
Wohin fahren Sie? Ich fahre nach Moskau.

Bu st<u>a</u>ntsija n<u>i</u>ch'^ek otal-a?
diese Station wie heißen-GE
Wie heißt diese Station?

Olabugha stantsija-s^y.
Jelabuga Station-ihre
Station Jelabuga.

... mit dem Auto

Die Autotouristik und der damit verbundene Service ist in Tatarien eher unterentwickelt. Nichtsdestotrotz ist eine Autotour sehr interessant.

машина, автомобиль	**masch<u>i</u>na, avtomobil**	Auto
йөртүче	**j^ürtüch'^e**	Fahrer
АЗС	**AZS** *(russ. Abkürzung)*	Tankstelle
СТО	**STO** *(russ. Abkürzung)*	Autowerkstatt
бензин салырга	**bensin sol^yrgha** *Benzin eingießen*	tanken
йөртергә	**j^ürt^ürgä**	fahren (Auto)
автомобиль(лар)ны туктальшга куярга	**avtomobil(lar)n^y tuqtal^ysch-gha qujargha** *Auto(-Mz-)-3 Parkstelle-4 stellen*	parken
ремонтларга	**remontla-rgha**	reparieren
буксирларга	**buksirla-rgha**	abschleppen

108 | j^üz sig^ez

Unterwegs

Bügülmä-gä nich'ek boryrgha?
Bugulma-4 wie fahren?
Wie kommt man nach Bugulma?

Schähär-gä chätle jyraq-my?
Stadt-4 bis weit-?
Ist es weit bis zur Stadt?

Min Älmät-kä durus bor-a-m-my?
ich Älmät richtig fahren-GE-ich-?
Fahre ich richtig nach Älmät?

Gostinitsa-da garasch bor-my?
Hotel-5 Garage es-gibt-?
Hat das Hotel eine Garage?

Sie sollten in der Lage sein, die wichtigsten Reparaturen selbst auszuführen.

tanken

A-Ze-Es/Es-Te-O qojda?
Tankstelle/Werkstatt wo
Wo ist eine Tankstelle/Werkstatt?

Tulysynch'a sol-yghyz äle.
völlig gießt-ihr bitte
Bitte voll tanken.

Дизель ягулагы	Diesel
dizel joghulagh-y	
Diesel Brennstoff-sein	
Бензин	Benzin
benzin	

jüz tughyz | 109

Unterwegs

Autopanne

Es ist hilfreich, wenn Sie die Sätze dieses Abschnitts auch auf Russisch kennen.

Машинам бозык.
Maschina-m bᵘzᵘq.
Auto-mein beschädigt
Mein Auto hat eine Panne.

Мин аварияга эләгдем.
Min avarija-gha ᵉläg-dᵉ-m.
ich Panne-4 geraten-BV-ich
Ich hatte einen Unfall.

Сез мине буксирлый аласызмы?
Sᵉz minᵉ buksirl-yj ol-a-sʸz-mʸ?
ihr ich-3 abschleppen-GE können-GE-ihr-?
Können Sie mich abschleppen?

Ichtimal ... wotʸl-dʸ.
wahrscheinlich ... zerbrechen-BV
Wahrscheinlich ist ... kaputt.

Motor-ʸm-da wotʸqlʸq.
Motor-mein-5 Schaden
Ich habe einen Motorschaden.

Schin schortla-dʸ.
Reifen zerplatzen
Der Reifen ist geplatzt.

Сез мине шәһәргә китерә аласызмы?
Sᵉz minᵉ schähär-gä kitᵉrä ol-a-sʸz-mʸ?
ihr ich-3 Stadt-4 mitnehmen-GE können-GE-ihr-?
Können Sie mich bis zur Stadt mitnehmen?

Unterwegs

küch'är	Achse	күчәр
buksirlaw tros-y	Abschleppseil	буксирлау тросы
Abschlepp Seil-sein		
akumulator	Batterie	аккумулятор
akumulator-ny **q**u**r**u**rgha**	Batterie laden	аккумуляторны корырга
Batterie-3 laden		
benzobak	Benzintank	бензобак
tormoz	Bremsen	тормоз
gaz pedal-e	Gaspedal	газ педале
Gas Pedal-sein		
tormoz pedal-e	Bremspedal	тормоз педале
Bremse Pedal-ihr		
tormoz sy**j**y**ql**y**gh-**y	Bremsflüssigkeit	тормоз сыеклыгы
Bremse Flüssigkeit-ihre		
schofjor	Fahrer	шофёр
jü**rtüch'e-lär pravo-s**y	Führerschein	йөртүчеләр правосы
Fahrer-Mz Schein-sein		
tizle**k-n**e **olmascht**y**ru**	Gangschaltung	тизлекне алмаштыру
Geschwindigkeit Schaltung-ihre		
tizle**k**	Geschwindigkeit	тизлек
tizle**k-n**e **olmascht**y**ru tortma-s**y	Getriebe	тизлекне алмаштыру тартмасы
Geschwindigkeit-3 Schalten Gehäuse-sein		
ch'ükech'	Hammer	чүкеч
signal	Hupe	сигнал
kabel	Kabel	кабель
kuzof	Karosserie	кузов
qojy**sch**	Keilriemen	каеш
radiator	Kühler	радиатор
mufta	Kupplung	муфта
rul kü**pch'äg-**e	Lenkrad	руль көпчәге
Lenkung Rad-ihr		

jü**z unb**e**r** | 111

Unterwegs

идарә	**idarä**	Lenkung
мотор	**motor**	Motor
гайка	**gajka**	Mutter
май	**moj**	Öl
шин	**schin**	Reifen
басым шинда	**bosʸm schin-da** *Druck Reifen-5*	Reifendruck
запас көпчәге	**zapas kᵘpch'äg-ᵉ** *Reserve Rad-ihr*	Reserverad
запас бензобагы	**zapas benzobagh-ʸ** *Reserve Tank-ihr*	Reservetank
пыяла чистарткыч	**pʸjala ch'istartqʸch'** *Scheibe Wischer*	Scheibenwischer
фара	**fara**	Scheinwerfer
предохранитель	**predochranitel**	Sicherung
камера	**kamera**	Schlauch
болт	**bolt**	Schraube
ачкыч	**och'qʸch'**	Schraubenschlüssel
отвёртка	**otvjortka**	Schraubenzieher
амортизатор	**amortizator**	Stoßdämpfer
тахометр	**tachometr**	Tachometer
клапан	**klapan**	Ventil
карбюратор	**karbjurator**	Vergaser
домкрат	**domkrat**	Wagenheber
инструмент	**instrument**	Werkzeug
свеча	**svetscha**	Zündkerze
кабызу ачкычы	**qobʸzu och'qʸch'ʸ** *Zündung Schlüssel-ihr*	Zündschlüssel
цилиндр	**tsilindr**	Zylinder

Akumulator busch.
Batterie leer
Die Batterie ist leer.

Unterwegs

Сез моны ремонтлый беләсезме?
S^ez m^un^u remontl-yj b^el-ä-s^ez-m^e?
ihr das-3 reparieren-GE können-GE-ihr-?
Können Sie das reparieren?

Ремонт озакка дәвәм итәме?
Remont ^uzaqqa däwäm-it-<u>ä</u>-m^e?
Reparatur lange dauern-GE-?
Wie lange wird die Reparatur dauern?

... mit dem Flugzeug

| АЭРОПОРТ | Flughafen |

Im Flughafen Kasan gibt es einen besonderen Wartesaal mit Extra-Service für Ausländer. Diese Räume sind relativ bequem.

samolot	Flugzeug
aeroport	Flughafen
bilet	Ticket
avial<u>i</u>nija	Fluglinie
stjuard<u>e</u>ssa	Stewardess
^uch'^up kitärgä	abfliegen
fliegend gehen	
^uch'argha	fliegen
start ol^yrgha	starten
Start nehmen	
kich'^egü	Verspätung

In kleineren Städten kann man auf Flugplätzen kein europäisches Niveau erwarten.

Bilet qojda sot-<u>a</u>-lar?
Ticket wo verkaufen-GE-sie
Wo werden Tickets verkaufen?

Unterwegs

Samolot Mäskäw-gä qojch'an kit-ä?
Flugzeug Moskau-4 wann gehen-GE
Wann fliegt das/ein Flugzeug nach Moskau?

Irtäg^e ^üch'^ün bilet ind^e juq, ...
morgig für Ticket schon nein, ...
Für morgen gibt es keine Tickets mehr, ...

... b^ers^ek^üngä ^üch'^ün äl^e bor.
... übermorgen für noch es-gibt
... nur noch für übermorgen (gibt es welche).

Jochsch^y, b^ers^ek^üngä ^üch'^ün b^er bilet b^er-^eg^ez.
gut, übermorgen für ein Ticket(3) gebt-ihr
Gut, geben Sie mir eins für übermorgen.

Samolot ni̯ch'ä säghät-tä kit-ä?
Flugzeug wieviel Uhr-5 gehen-GE
Um wie viel Uhr fliegt das Flugzeug?

B^ez qojch'an kil-ä̱-b^ez?
wir wann kommen-GE-wir
Wann kommen wir an?

... mit dem Schiff

Korabl qojch'an kil-ä?
Schiff wann ankommen-GE
Wann kommt das Schiff an?

Korabl qojch'an kit-ä?
Schiff wann ablegen-GE
Wann legt das Schiff ab?

Auf dem Lande

port	Hafen
pristan	Anlegestelle
korabl, sudno	Schiff
küjmä	Boot
parom	Fähre
parochod	Dampfschiff
teplochod	Motorschiff
port bujlap ekskursija	Hafenrundfahrt
Hafen entlang Exkursion	
utraw	Insel
jor	Ufer
sh'ir	Land
kül	(der) See
dinggᵉz	Meer
jʸlgha	Fluss
su	Wasser

Auf dem Lande

Wenn Sie beschlossen haben Ihre Sommerfrische in Tatarien zu verbinden, machen Sie das am besten auf dem Lande. Camping, Fischfang, Natur, Kontakt zur Bevölkerung ... – was kann im Urlaub besser sein?

Wenn Sie auf dem Lande sind, fragen Sie einfach die Hiesigen, ob sie einen übernachten lassen. Vor einem Bauernhof stehend, rufen Sie:

Chush'a!
Wirt, Gastgeber!

Auf dem Lande

Min Germanija-dan häm m^unda turist bularaq il giz-ä-m.
ich Deutschland-6 und hier Tourist als Land reisen-GE-ich
Ich bin aus Deutschland und reise hier als Tourist.

Ow^yl-^ygh^yz-da qojda qun-argha m^ümkin?
Dorf-euer-5 wo übernachten möglich
Wo kann ich in Ihrem Dorf übernachten?

In Tatarien gibt es zwar auch Campingplätze, man darf aber auch wild campen. Wenn Sie dafür einen Ort gefunden haben, können Sie z. B. einen Förster fragen:

M^unda palatka quj-argha m^ümkin-m^e?
hier Zelt stellen möglich-?
Darf man hier zelten?

Fischfang

Angel-Enthusiasten fangen Fisch sogar im Winter unter dem Eis.

Sehr romantisch ist es, im Sommer zum Angeln zu fahren. Gewöhnlich fährt man am Abend, angelt spät abends oder früh morgens, schläft in einem Zelt, in einer Laubhütte oder einfach an einem Lagerfeuer. Auf diesem Lagerfeuer wird die für Fischer traditionelle Suppe ucha gekocht. Diese Suppe besteht aus frisch gefangenem Fisch, Kartoffeln, Graupen oder Reis und Zwiebeln. Man sagt, dass man ucha mit Wodka essen soll.

Auf dem Lande

Owʸl-ʸghʸz-da kül bor-mʸ?
Dorf-euer-5 See es-gibt-?
Gibt es einen See in eurem Dorf?

Bolʸq bor-mʸ?	**Nindi bolʸq-lar bor?**
Fisch es-gibt-?	*welche Fisch-Mz es-gibt*
Gibt es Fisch?	Welche Fische gibt es?

olabugha	Barsch	**Fisch**
ch'urtan	Hecht	
schʸrtlaqa	Kaulbarsch	qurban *zusammen*
qurban	Blei(-Fisch)	*mit Bier genossen*
käräkä	Karausche	*ist eine Delikatesse!*
sudaq	Zander	
bärtäs	Plötze	
sozan	Karpfen	

Bolʸq-qa bor-a-bʸz-mʸ?
Fisch-4 gehen-GE-wir-?
Gehen wir angeln?

im Dorf

Sezneng owʸl Qozan-gha jʸraq-mʸ?
euer Dorf Kasan-4 weit-?
Ist euer/Ihr Dorf weit von Kasan?

Jʸraq tügel, ille kilometr.
weit nicht, fünfzig Kilometer
Nicht weit, 50 Kilometer.

Sezneng owʸl jonʸnda urman bor-mʸ?
euer Dorf neben Wald es-gibt-?
Gibt es einen Wald neben euremDorf?

Auf dem Lande

Sᵉz nındi chojwan-nar, qᵘsch-qᵘrt-lar osr-yj-sʸz?
ihr welche Tier-Mz, Geflügel-Mz halten-GE-ihr
Welche Tiere, Geflügel haltet ihr?

Bᵉznᵉng ikᵉ sʸjʸr bor.
unser zwei Kuh es-gibt
Wir haben 2 Kühe.

tona	Färse	qoz	Gans
sʸjʸr	Kuh	ürdäk	Ente
bᵘzaw	Kalb	kürkä	Pute
sorʸq	Schaf	pᵉsi	Katze
ätäch'	Hahn	ᵉt	Hund
towʸq	Huhn	ot	Pferd

Kolchoz-da/ferma-da qʸmʸz jos-yj-lar-mʸ?
Kolchos-S/Farm-S Kumys machen-GE-Mz-?
Macht man Kumys im Kolchos/auf der Farm?

Äjᵉ, jos-yj-lar, bik schäp.
ja, machen-GE-Mz, sehr schmackhaft
Ja, macht man, es schmeckt gut.

Natur

inᵉsch	Bach	jʸlgha	Fluss
tow	Berg	qolqulʸq	Hügel
küpᵉr	Brücke	ch'ischmä	Quelle
qᵘjᵘ	Brunnen	kül	See (der)
tigᵉzlᵉk	Ebene	soz	Sumpf
sh'ir	Erde	jor	Ufer
qʸr, jolan	Feld	urman	Wald
qʸja	Felsen	bᵘlᵘn	Wiese

118 | jᵘz unsigᵉz

Auf dem Lande

Bäume, Büsche, Gräser

olmoghach'	Apfelbaum
qoj^{y}n	Birke
ch'äch'äk	Blume
miläsch	Eberesche
imän	Eiche
usaq	Espe
sch^{u}m^{u}rt	Faulbaum
siren	Flieder
g^{ü}lsh'im^{e}sch	Heckenrose
norat	Kiefer
ch'^{y}rsch^y	Fichte
qoroghach'	Lärche
jükä	Linde
b^{ü}tn^{ü}k	Minze
q^{y}ch'^{y}tqan	Nessel
ch'ikläw^{e}k	Nussbaum
quzghalaq	Sauerampfer
tiräk, topol	Pappel
^{e}lmä	Ulme

wilde Tiere

oju	Bär	p^{u}schi	Elch
bür^e	Wolf	k^{e}rp^e	Igel
t^{ü}lk^ü	Fuchs	burs^{y}q	Dachs
qujan	Hase	tij^{e}n	Eichhorn
t^{y}ch'qan	Maus	s^{e}läws^{e}n	Luchs
b^{u}lan	Hirsch	fil	Elefant
or^{y}slan	Löwe	julbar^{y}s	Tiger
mojm^{y}l	Affe		

j^{ü}z untugh^{y}z

Übernachten

Vögel

b^ürk^üt	Adler	popugaj	Papagei
jobalaq	Eule	q^uzgh^un	Rabe
fazan	Fasan	qorl^yghach'	Schwalbe
qorgha	Krähe	oqq^usch	Schwan
t^urna	Kranich	ch'^ypch'^yq	Sperling
kük^e	Kuckuck	s^yj^yrch'^yq	Star
oqch'arlaq	Möwe	bojgh^ysch	Uhu
sondughach'	Nachtigall		

Himmelsrichtungen

t^unjoq	Norden
k^ünch'^ygh^ysch	Osten
k^ünjoq	Süden
k^ünbot^ysch	Westen

Übernachten

In Tatarien finden Sie oft alte Hotels und Gasthäuser, die während der Zeit der Sowjetunion gebaut worden sind und wenig Komfort bieten. Die Zimmer haben meistens Platz für 3-4 Personen. Das Frühstück ist in der Regel nicht im Zimmerpreis enthalten.

In den größeren Städten, die auch von ausländischen Touristen oft besucht werden, gibt es auch gute Hotels mit beinahe europäischem Standard. Aber sie sind natürlich sehr viel teurer.

Übernachten

Ist es unmöglich, etwas auf eigene Faust zu finden, dann wendet man sich an das örtliche Reisebüro. Sie finden die Büros oft in oder neben den großen Hotels. Eine andere Möglichkeit ist ein Auskunftsbüro.

Wollen Sie in einem Hotel übernachten, sollten Sie dort am besten ein Zimmer vorbestellen.

туристлар бюросы **turist-lar bjuro-s**ʸ *Tourist-Mz Büro-ihr*	Reisebüro
белешмәләр бюросы **b**ᵉlᵉ**schmä-lär bjuro-s**ʸ *Auskunft-Mz Büro-ihr*	Auskunftsbüro
гостиница, кунакханә **gost̲initsa, qunaqchänä**	Gasthof, Hotel
туристлар базасы **turist-lar ba̲za-s**ʸ *Tourist-Mz Station-seine*	Touristenstation

Казанда кайсы гостиницалар бар?
Qozan-da qojsʸ **gost̲initsa-lar bor?**
Kasan-S welche Hotel-Mz es-gibt
Welche Hotels gibt es in Kasan?

im Hotel

An der Rezeption muss man seinen Reisepass und sein Visum vorzeigen. Gibt es keine freie Zimmer im Hotel, wird man sich bemühen, Sie über andere Unterkunftsmöglichkeiten zu informieren. Auf jeder Etage eines Hotels gibt es eine Etagenbedienstete, die für kleine Serviceleistungen (Telefonvermittlung, Taxibestellung u. ä.) zuständig ist.

Übernachten

Wenn man mit der Bedienung zufrieden ist, kann man Trinkgeld (umgerechnet etwa 1-2 Euro) geben.

administrator	Empfangschef
ch^ezmätch'^e	Zimmermädchen
etasch deshur-ʸ	Etagenbedienstete
Etage Diensthabende-ihr	
qorawat	Bett
vanna bülmä-s^e	Badezimmer
Bad Zimmer-ihr	
etasch, qot	Etage
irtäng^e osch	Frühstück
morgentliches Essen	
bagasch	Gepäck
parikmacherskij	Frisiersalon

Busch nomer bor-mʸ?
leer Zimmer es-gibt-?
Haben Sie Zimmer frei?

Minga b^er-urʸnlʸ/ik^e-urʸnlʸ nomer kiräk.
ich-4 einbettiges/zweibettiges Zimmer nötig
Ich brauche ein Zimmer für 1/2 Person/en.

Min tualetl^e bülmä t^el-i-m.
ich mit-Toilette Zimmer wollen-GE-ich
Ich möchte ein Zimmer mit Toilette.

Bülmä nich'änch'^e qot-ta?
Zimmer wievielte Stock-5
In welchem Stock befindet sich das Zimmer?

Bülmä b^er täwl^ek ^ech'^endä küpm^e t^ur-a?
Zimmer ein Tag-und-Nacht während wieviel kosten-GE
Wie viel kostet das Zimmer pro Tag?

Übernachten

Irtänge-osch bülmä bäjä-se-gä ker-ä-me?
Frühstück Zimmer Pries-sein-4 hineingehen-GE-?
Ist das Frühstück im Übernachtungspreis enthalten?

Irtänge-osch ojʸrʸm ... tur-a.
Frühstück extra ... kosten-GE
Das Frühstück kostet ... extra.

Sez bez-dä uzaq-mʸ tur-a-sʸz?
ihr wir-5 lange-? wohnen-GE-ihr
Wie lange möchten Sie bleiben?

Min ike-ü-ch' kun turʸrgha tel-i-m.
ich zwei-drei Tag wohnen wollen-GE-ich
Ich möchte 2-3 Tage bleiben.

Min ber/ike otna turʸrgha tel-i-m.
ich eine/zwei Woche wohnen wollen-GE-ich
Ich möchte eine/zwei Woche/n bleiben.

Och'quch'-nʸ qojda qoldʸrʸrgha kiräk?
Schlüssel-3 wo lassen nötig
Wo soll ich („man") den Schlüssel lassen?

Minem bülmä-ning och'qʸch'-ʸ-n bir-egez äle.
mein Zimmer-2 Schlüssel-sein-3 gebt-ihr bitte
Geben Sie mir bitte meinen Zimmerschlüssel.

Minem nomer-ʸm ...
mein Zimmmer-mein ...
Ich habe Zimmer Nummer ...

jüz jegerme üch'

Übernachten

Nomer-ᵞm-da tuqlan-a-m.
Zimmer-mein-5 speisen-GE-ich
Ich werde auf meinem Zimmer speisen.

Restoran-da tuqlan-a-m.
Restaurant-5 speisen-GE-ich
Ich werde im Restaurant speisen.

Kafe qojda?
Café qojda
Wo ist ein Café?

Kᵉr-nᵉ juw-gha topschᵞr-ᵞghᵞz älᵉ.
Wäsche-3 Waschen-2 abgeben-ihr bitte
Geben Sie die Wäsche bitte zum Waschen ab.

Kostjum-nᵞ/külmäk-nᵉ ütüklärgä kiräk.
Anzug-3/Kleid-3 bügeln nötig
Mein Anzug/Kleid muss gebügelt werden.

Minga bᵉrkᵉm-dä scholtᵞrat-tᵞ-mᵞ?
ich-4 niemand anrufen-BV-?
Hat mich niemand angerufen?

Min kich'kä sägḧät oltᵞ-da qojt-a-m.
ich abends Uhr sechs-5 zurückkommen-GE-ich
Ich komme um 6 Uhr abends zurück.

Minᵉ irtägä oltᵞ-da ujat-ᵞghᵞz älᵉ, zinhar.
ich-3 morgens sechs-5 weckt-ihr mal, bitte
Wecken Sie mich bitte um 6 Uhr morgens.

Übernachten

Säghät sh'id͜e tiräs͜endä taksi ch'o̱qᵛr-ᶻghᶻz äl͜e.

Uhr sieben gegen Taxi rufen-ihr bitte
Rufen Sie bitte ein Taxi gegen 7 Uhr.

Min͜em bülmä-dä sᵘlgᵘ juq.

mein Zimmer-5 Handtuch nein
In meinem Zimmer fehlt ein Handtuch.

Statt sᵘlgᵘ (Handtuch) kann man in diesen Satz auch die Wörter der folgenden Liste einsetzen.

jopma	Bettdecke
m͜endär	Kopfkissen
sobʸn	Seife
tualet käghäz-͜e	Toilettenpapier
Toilette Papier-ihr	

Dusch ͜eschlä-m-i.

Dusche arbeiten-nicht-GE
Die Dusche funktioniert nicht/ist kaputt.

va̱nna	Badewanne
televi̱zor	Fernseher
sh'ʸlʸghu	Heizung
cholodi̱lnik	Kühlschrank
joqtʸlʸq	Licht
telefo̱n	Telefon
tua̱let	Toilette

Min͜em bülmä-dä elektr juq.

mein Zimmer-5 Strom nein
Mein Zimmer hat keinen Strom.

su	Wasser
qojnar su	Warmwasser
heißes Wasser	

jᵘz jeg͜erm͜e bisch | **125**

Essen & Trinken

Min/ber irtägä kit-ä-m/kit-ä-bez.
ich/wir morgen abreisen-GE-ich/arbeiten-GE-wir
Ich reise/wir reisen morgen ab.

Stschot chäzerlä-gez äle.
Rechnung fertigmacht-ihr bitte
Bitte machen Sie die Rechnung fertig.

Kvitantsija jozyp bir-egez äle.
Quittung geschrieben gebt-ihr bitte
Schreiben Sie mir eine Quittung.

Essen & Trinken

Restaurants, wie man sie in Europa kennt, gibt es nur in größeren Städten. Restaurants mit Nationalgerichten in kleineren Städten gleichen eher Imbiss-Stuben.

ресторан	**restoran**	Restaurant
кафе	**kafe**	Café
буфет	**bufet**	(Steh-)Imbiss
кәбапханә, шашлыкханә	**käbäpchänä, schaschlykchänä**	Schaschlik-Imbiss
ашханә	**oschchänä**	Speisesaal
чәйханә	**ch'äjchänä**	Teestube
кондитер магазины	**konditer magazin-y** *Konditor Laden-sein*	Konditorei
бар	**bar**	Bar

Essen & Trinken

Frühstück

jumurqa täbä-se	Eierkuchen	йомырка тәбәсе
Ei Omelett-sein		
kolbasa	Wurst	колбаса
vettschina	Schinken	ветчина
syr	Käse	сыр
buterbrot	belegtes Brot	бутерброд
varenje	Konfitüre	варенье
qojmaq	Sahne	каймак
ch'äj	Tee	чәй
kofe	Kaffee	кофе
moj	Butter	май
kümäch'	Brötchen	күмәч

Minga ch'äj-gä qoraghanda kofe bigräk usch-yj.
ich-4 Tee-4 als Kaffee mehr mögen-GE
Ich mag Kaffee lieber als Tee.

Oschyjsym kil-ä.
essen-wollen-mein kommen-GE
Ich habe Hunger.

Ech'äsem kil-ä.
trinken-wollen-mein kommen-GE
Ich habe Durst.

im Restaurant

irtänge-osch	Frühstück
tüschkü-osch	Mittagessen
kich'k'e-osch	Abendbrot

Essen & Trinken

Säghät sh'id^e-gä ^üstäl-gä zakaz bir^ergä m^ümk<u>i</u>n-m^e?
Uhr sieben-4 Tisch-4 Bestellung geben möglich-?
Können wir einen Tisch gegen 7 Uhr haben?

Dürt k^esch^el^ek ^üstäl-gä zakaz bir^ergä m^ümk<u>i</u>n-m^e?
vier menschlich Tisch-4 Bestellung geben möglich-?
Können wir einen Tisch für vier Personen haben?

Busch ^üstäl b<u>o</u>r-m^y?   **Äjj^e, rächim <u>i</u>t-^eg^ez.**
leerer Tisch es-gibt-?   *ja, Gnade macht-ihr*
Gibt es einen freien Tisch? Ja, bitte.

Juq, q^yzghan^ych'qa-qorsch^y busch ^üstäl juq.
nein, leider leerer Tisch nein
Nein, es ist leider alles besetzt.

Restoran q<u>o</u>jch'an j<u>o</u>b^yl-a?
Restaurant wann schließen-GE
Wann schließt das Restaurant?

---

bestellen

S^ez n<u>ä</u>rsä t^el-<u>i</u>-s^ez?
ihr was wollen-GE-ihr
Was möchten Sie (essen)?

Menju b<u>i</u>r-^eg^ez äl^e.
Speisekarte gebt-ihr bitte
Geben Sie mir bitte die Speisekarte.

Essen & Trinken

menju	Speisekarte	меню
zak<u>u</u>ska	Vorspeise	закуска
schulpa	Suppe	шулпа
t^up oschaml^yq	Hauptgericht	төп ашамлык
wesentliches Essen		
desert	Dessert	десерт
^ech'^eml^ek-lär	Getränke	эчемлекләр
Getränk-Mz		

Sumsa b<u>o</u>r-m^y?　　**Qullama b<u>o</u>r-m^y?**
Sumsa es-gibt-?　　*Kullama es-gibt-?*
Haben Sie Sumsa?　　Gibt es Kullama?

S^ez-dä q<u>o</u>js^y itl^e oschaml^yq-lar bor?
ihr-5 welche fleischerne Gerichte es-gibt
Welche Fleischgerichte haben Sie?

Tulma bor.　　**Min g^übädijä t^el-i-m.**
Tulma es-gibt　　*ich Gübädijä(3) wollen-GE-ich*
Es gibt Tulma.　　Ich möchte eine Gübädijä.

Minga täbä b<u>i</u>r-^eg^ez äl^e.
ich-4 Täbä(3) gebt-ihr bitte
Geben Sie mir bitte eine Täbä.

Bu käbäp sor^yq it-^e-nn<u>ä</u>n-m^e, jo s^yj^yr it-^e-nn<u>ä</u>n-m^e?
dieser Schaschlik Hammel Fleisch-sein-6-?, oder Kuh Fleisch-ihr-6-?
Ist das Hammel- od. Rindfleisch-Schaschlik?

Its^ez osch b<u>o</u>r-m^y?
Fleisch-ohne Speise es-gibt-?
Haben Sie etwas ohne Fleisch?

Essen & Trinken

Min vegetarian.
ich Vegetarier
Ich bin Vegetarier.

Togh^y b^er ... ki̱t^er-^eg^ez-ch'^e.
noch ein ...(3) bringt-ihr-bitte
Bringen Sie bitte noch ein/e ...

tälinkä	Teller	**ch'än^ech'k^e**	Gabel
ch'^ynajaq	Tasse	**p^ych'aq**	Messer
stakan	Glas	**qosch^yq**	Löffel

Osch-lar täml^e buls^yn!
Speise-Mz schmackhaft soll-sein
Guten Appetit!

S^ezn^eng isänl^ek-kä!
eure Gesundheit-4
Zum Wohl! Prost!

Küpm^e b^üt^ün^es^e ^üch'^ün?
wieviel alles-sein für
Wie viel muss ich zahlen?

Nationalgerichte

Die im Folgenden aufgeführten Nationalgerichte kann man zu Mittag, aber auch am Abend im Restaurant bestellen.

Die tatarische Küche kennt zahlreiche Nationalgerichte. Im Gegensatz zu uns essen die meisten Tataren kein Schweinefleisch, weil das im Widerspruch zu ihrer Religion steht, stattdessen bereitet man viele Gerichte mit Pferdefleisch zu.

Essen & Trinken

Vorspeisen

Allein die Vorspeisen sind für unsere Verhältnisse bereits recht deftig.

qoz^yl^yq	Gedörrte Pferdefleischwurst	казылык
q^yzd^yrma	Kalter Braten aus Rind-, Pferde-, Hammel- oder Gänsefleisch	кыздырма
qolsh'a	Fleischroulade mit Knoblauch, Zwiebeln und Gewürzen	калҗа
tut^yrma	Wurst mit Fleisch und Grütze nach Hausfrauenart	тутырма
„Joz" salat^y	Gemüsesalat mit Oliven, Käse und Knoblauch	„Яз" салаты

Suppen

solj<u>a</u>nka	Fleischsuppe mit Zwiebeln, Backpflaumen u. Salzgurken	солянка
schulpa	Hammelfleisch-Suppe mit Kartoffeln, Möhren, Zwiebeln und Pfeffer. Man isst sie mit juqa (besondere Fladen)	шулпа
t^uqmach'	Hammelfleisch- oder Hühnerfleisch-Suppe mit Nudeln	токмач
okr<u>o</u>schka	Kalte Suppe aus Kwas, kleingehacktem Fleisch, Eiern, saurer Sahne und Gurken (man isst sie nur im Sommer)	окрошка
ch'umar	Rindfleisch-, Hammelfleisch- oder Hühnerfleisch-Suppe mit Klößen	чумар

Essen & Trinken

Hauptgerichte

сумса	**sumsa**	Mit Rindfleisch, Sauerkohl, Zwiebeln und Gewürzen gefüllte Teigtaschen, die im Wasser gekocht werden
якма	**joqma**	Gebratenes Hammelfleisch mit Tomaten, süßem Pfeffer, Backpflaumen, Käse und Knoblauch
гөбәдия	**gᵘbädijä**	Kuchen mit Fleisch, Reis, Eiern, Zwiebeln und Rosinen
куллама	**qullama**	Rind- oder Hammelfleisch mit Stückchen Teig, Zwiebeln, Möhren und Gemüsesoße
азу	**ozu**	Gebratenes Rind-, Hammel- oder Pferdefleisch mit Schmorkartoffeln, Salzgurken, Zwiebeln und Knoblauch
тулма	**tulma**	Gehacktes mit Reis in Krautblättern
пылау	**pʸlaw**	Gekochter Reis mit Hammelfleisch
тәбә	**täbä**	Im Backofen gebackener Fisch mit Sauerrahm, Zwiebeln und Pfeffer

Süßigkeiten, Mehlspeisen

бөккән, бәлеш	**bᵘkkän, bälᵉsch**	Kuchen
мармелад	**marmelad**	Marmelade
җимеш	**sh'imᵉsch**	Obst
татлы ашамлыклар	**totlʸ oschamlʸqlar**	Süßigkeiten
печенье	**petschenje**	Gebäck

Essen & Trinken

ch'äk-ch'äk	Kleine Teigkügelchen mit Honig	чәк-чәк
bᵘchar käläwäsᵉ	In geschmolzener Butter gekochte Nudeln mit Honig	бохар кәләвәсе
tolqʸsch käläwä	Masse aus gebratenem Mehl mit Honig	талкыш кәләвә
qotlʸ paschtet	Süßes, blätteriges Milchbrötchen	катлы паштет
bowʸrsaq	Teig aus Weizenmehl mit Hefe oder Sauermilch, in Öl frittiert	бавырсак

trinken & Getränke

Das Lieblingsgetränk der Tataren ist Tee. Man trinkt ihn gewöhnlich mit Zucker und isst dazu Konfitüre, Obstpaste, gedörrte Aprikosen, Zitronen, Bonbons, Milch, Kräuter, Honig. Zum Tee serviert man auch nationale Mehlspeisen.

jäschᵉl ch'äj	grüner Tee	яшел чәй
qura sh'iläg ͤ ch'äjᵉ	Himbeertee	кура җиләге чәе
gᵘlsh'imᵉsch ch'äjᵉ	Hagebuttentee	гөлҗимеш чәе
jofraq ch'äjᵉ	Blättertee (mit Minze, Johanniskraut, Johannisbeer- und Himbeerblättern, Huflattich, Wegerich)	яфрак чәе
bᵘz ch'äjᵉ	kalter Tee mit Eis	боз чәе

jᵘz utʸz ᵘch'

Essen & Trinken

минерал су	**mineral su**	Mineralwasser
сөт	**sᵘt**	Milch
какао	**kakao**	Kakao
сок	**sok**	Saft
лимонад	**limonat**	Limonade
кофе	**k_o_fe**	Kaffee
сыра	**sʸra**	Bier
шәрәб	**schäräb**	Wein
шампанский	**schamp_a_nskij**	Sekt
коньяк	**konjak**	Cognac
ром	**rom**	Rum
аракы	**oraqʸ**	Wodka

Einkaufen

Auch in Tatarien stehen Ihnen eine ganze Reihe von Geschäften zur Auswahl.

magazin, kibe**t**	Geschäft	магазин, кибет
univermag	Kaufhaus	универмаг
kije**m magazin-**y	Konfektionsgeschäft	кием магазины
Kleidung Geschäft-ihr		
ozy**q-t**ü|ü**k magazin-**y	Lebensmittelgeschäft	азык-төлек
Lebensmittel Geschäft-ihr		магазины
gastronom	Lebensmittelgeschäft	гастроном
ikmäk kibe**t-**e	Bäckerei	икмәк кибите
Brot Laden-sein		
kitap magazin-y	Buchhandlung	китап магазины
Buch Laden-sein		
parfjume**rija**	Parfümerie	парфюмерия
büläk kibe**t-**e	Souvenirladen	бүләк кибете
Geschenk Laden-sein		
kiosk	Kiosk	киоск

Ing-joq y n kib e t- e qojda?
nächste Laden wo
Wo ist der nächste Laden?

Ojaq kij e m- e magazin- y qojda?
Fuß Kleidung-seine Geschäft-ihr wo
Wo ist ein Schuhgeschäft?

... qojdan sot y p ol y rgha m ü mkin?
... woher verkauft nehmen möglich
Wo gibt es ... ?/Wo kann man ... kaufen?

jüz utyz bisch | 135

Einkaufen

ker<u>a</u>mika	Keramik
m<u>u</u>zyka q^ural-ʸ	Musikinstrumente
Musik Instrument-ihr	
plast<u>i</u>nka	Schallplatten
biz<u>ä</u>k	Schmuck(waren)
ujʸnchʸq	Spielzeug
tuqʸma-lar	Stoffe
s<u>ä</u>ghät	Uhren

Bu minga ᵘsch-yj.
das ich-4 gefallen-GE
Das gefällt mir.

Bu minga ᵘsch<u>a</u>-m-yj.
das ich-4 gefallen-nicht-GE
Das gefällt mir nicht.

Bu minga jor<u>a</u>-m-yj.
das ich-4 passen-nicht-GE
Das passt mir nicht. *(Kleidung)*

auf dem Markt

Auf einem großen Markt können Sie auch nationale tatarische und russische Gerichte essen, Tee, Kaffee oder Bier, Wein, Wodka trinken, Kleidung, Schuhe und Kunsthandwerk kaufen.

Olma-lar-ʸghʸz k<u>ü</u>p-mᵉ tᵘr-a?
Apfel-Mz-eure viel-? kosten-GE
Wie viel kosten Ihre Äpfel?

Einkaufen

Ber kilo nich'ä sum?
ein Kilo wieviel Rubel
Wie viel kostet ein Kilo?

Schulqädär qyjbat-m‍y? Bu qyjbat ich'!
so teuer-? das teuer ja
So teuer? Das ist ja teuer!

Minga bisch j‍üz gram bir-‍egez.
ich-4 fünf hundert Gramm gebt-ihr
Geben Sie mir 500 Gramm.

Tagh‍yn b‍erär närsä-m‍e? Juq, sh'it‍ep t‍ur-a.
noch irgendeine Sache-? nein, gereicht stehen-GE
Sonst noch etwas? Nein, das wäre alles.

Nich'ä sum birim?
wieviel Rubel ich-soll-bezahlen
Wie viel muss ich (Ihnen) bezahlen?

Bu min‍em ‍üch'‍ün ch'omas‍yz qyibat.
das ich-2 für zu teuer
Das ist mir zu teuer.

Schulqädär oqch'a-m jon‍ynda juq.
so Geld-mein dabei nein
Ich habe nicht so viel Geld dabei.

Min ... sum bir-ä-m, joryj-m‍y?
ich ... Rubel geben-GE-ich, gut-?
Ich gebe ... Rubel, ist das in Ordnung?

Auf einem Markt (bozar) können Sie verschiedene Sorten Gemüse, Obst, Kräuter und Gewürze kaufen.

Einkaufen

Mᵉnä un sum.		**Woq oqch'a-ghʸz bor-mʸ?**
hier zehn Rubel		*kleines Geld-euer es-gibt-?*
Hier sind zehn Rubel.		Haben Sie Kleingeld?

Woq oqch'a-m juq.		**Mᵘnᵘ tᵘr-ᵘgᵉz älᵉ.**
kleines Geld-mein nein		*das-3 einpackt-ihr bitte*
Ich habe kein Kleingeld.		Packen Sie es bitte ein.

Lebensmittel

икмәк, ипи	**ikmäk, ipi**	Brot
булка	**bulka**	Brötchen
ак май	**oq moj**	Butter
йомырка	**jᵘmᵘrqa**	Eier
морожный, тундырма	**moroshnyj, tundʸrma**	Eis
ит	**it**	Fleisch
балык	**bolʸq**	Fisch
печенье	**petschenje**	Gebäck
кош(-лар)	**qᵘsch(-lar)**	Geflügel
яшелчә	**jäschᵉlch'ä**	Gemüse
бал	**bol**	Honig
тавык	**towʸq**	Huhn
бәрәңге	**bäränggᵉ**	Kartoffeln
сыр	**syr**	Käse
мармелад	**marmelad**	Marmelade
сөт	**sᵘt**	Milch
җимеш	**sh'imᵉsch**	Obst
дөге	**dᵘgᵘ**	Reis
сыер ите	**sʸjʸr itᵉ**	Rindfleisch
	Kuh Fleisch-ihr	
каймак	**qojmaq**	Sahne
колбаса	**kolbasa**	Wurst

Einkaufen

Obst & Gemüse

olma	Äpfel	алма
gruscha, ormut	Birne	груша, армут
fasol	Bohnen	фасоль
qyjar	Gurken	кыяр
ch'ijä	Kirsche	чия
käbᵉstä	Kohl	кәбестә
qobaq	Kürbis	кабак
qowʸn	Melone	кавын
kischᵉr	Möhre	кишер
ch'ikläwᵉk	Nüsse	чикләвек
persik	Pfirsiche	персик
sliva	Pflaumen	слива
pomidor	Tomaten	помидор
qorbʸz	Wassermelone	карбыз
vinograd, jᵘzᵘm	Weintrauben	виноград, йөзем
limon	Zitrone	лимон
sughan	Zwiebeln, Lauch	суган

Kräuter & Gewürze

schikär	Zucker	шикәр
tᵘz	Salz	тоз
gortschitsa	Senf	горчица
bᵘrᵘch'	Pfeffer	борыч
ukrop	Dill	укроп
oq änis	Kümmel	ак әнис
imbir	Ingwer	имбир
sorʸmsaq	Knoblauch	сарымсак

Bank & Geld

Bank & Geld

Tatarien hat russisches Geld und dessen Geldsystem. Die russische Währung heißt Rubel und ist in 100 Kopeken unterteilt. Auf Tatarisch heißt Rubel sum oder tängkä, die Kopeke heißt tij^en.

sum, tängkä	Rubel
b^er tij^en	Kopeke

Min oqch'a olmasch-ʸrgha t^el-i-m.
ich Geld(3) wechseln wollen-GE-ich
Ich möchte Geld wechseln.

Büg^en nindi kurs?
heute wie Kurs
Wie ist heute der (Wechsel-)Kurs?

Bank sägh<u>ä</u>t nich'änch'^e-gä qädär ^eschl-i?
Bank Uhr wievielte-4 bis arbeiten-GE
Bis wann hat die Bank auf?

M^unda val<u>u</u>ta/oqch'a olmasch-ʸrgha m^ümk<u>i</u>n-m^e?
hier Devisen(3)/Geld(3) umtauschen möglich-?
Kann ich hier Devisen/Geld umtauschen?

Min j^üz jevro olmasch-ʸrgha t^el-i-m.
ich hundert Euro umtauschen wollen-GE-ich
Ich möchte 100 Euro umtauschen.

Bank & Geld

Jᵘz jevro ᵘchᵘn nich'ä sum ol-a-m?
hundert Euro für wieviel Rubel bekommen-GE-ich
Wie viele Rubel bekomme ich für 100 Euro?

Jᵘz Schvejtsarija frank-ʸ ...
... 100 Schweizer Franken?

Mᵘnda imza-ghʸz-nʸ quj-ʸghʸz.
hier Unterschrift-eure-3 stellt-ihr
Unterschreiben Sie bitte hier.

bank	Bank
däwlät bankʸ**-s**ʸ	Staatsbank
Staat Bank-seine	
valuta olmaschu	Wechselstube
Valuta Austausch	
kassa	Kasse, Schalter
oqch'a	Geld
quldaghʸ **oqch'a**	Bargeld
bares Geld	
moneta, tängkä	Münze
woq oqh'a	Kleingeld
kleines Geld	
banknot	Geldschein
valuta	Devisen
turistik tschek	(Traveller-)Scheck
touristischer Scheck	
kredit kartotschka-sʸ	Kreditkarte
Kredit Karte-seine	
olmaschu kurs-ʸ	Wechselkurs
Austausch Kurs-sein	
oqch'a(-nʸ**) olmasch-**ʸ**rgha**	Geld tauschen
Geld(-3) tauschen	

jᵘz qʸrʸq bᵉr

Post

Wenn Sie das Postamt aufsuchen wollen, müssen Sie auf folgendes Schild achten:

ПОЧТА, ПОЧТАМТ	
potschta, potschtamt	Postamt

Ing-joqʸn potschta qojda?
nächste Postamt wo
Wo ist das nächste Postamt?

Potschta qojch'an och'ʸq?
Post wann geöffnet
Wann ist die Post geöffnet?

Marka-lar qojda sot-ʸl-a?
Mark-Mz wo verkaufen-Pass-GE
Wo werden Briefmarken verkauft?

Minga posylka sol-ʸrgha kiräk.
ich-4 Paket aufgeben nötig
Ich muss ein Paket aufgeben.

Min faks sh'ibär-ergä tel-i-m.
ich Fax schicken wollen-GE-ich
Ich möchte ein Fax schicken.

Potschta jaschtschig-ʸ qojda?
Post Kasten-ihr wo
Wo ist ein Briefkasten?

Post

sh'ibärüch'ᵉ	Absender
adres	Adresse
chot, mäktüp	Brief
potschta jaschtschig-ʸ	Briefkasten
Post Kasten-ihr	
marka	Briefmarke
konvert	Briefumschlag
zakaznoj	eingeschrieben
blank	Formular
aviapotschta	Luftpost
banderol – posylka	Päckchen – Paket
potschta ch'ʸghʸm-nar-ʸ	Porto
Post Ausgabe-Mz-ihre	
potschtamt	Postamt
otkrytka	Postkarte
potschta indeks-ᵉ	Postleitzahl
Post Index-ihr	
telefaks	Telefax
telegrama	Telegramm
tamoshnja deklaratsija-sʸ	Zollerklärung
Zoll Erklärung-seine	

Minga bᵉr/ikᵉ konvert bir-ᵉgᵉz.
ich-4 einen/zwei Briefumschlag gebt-ihr
Geben Sie mir ein/zwei Umschlag/Umschläge.

Bu chot-nʸ ... sh'ibär-ᵉrgä tᵉl-i-m.
dieser Brief-3 ... abschicken wollen-GE-ich
Ich möchte diesen Brief ... abschicken.

Germanija-gha	nach Deutschland	*Der Ländername ist jeweils im 4. Fall gebeugt.*
Schvejtsarija-gha	in die Schweiz	
Avstrija-gha	nach Österreich	

Telefonieren & Internet

In größeren Städten gibt es moderne öffentliche Telefone mit Magnetkarten. In kleineren Städten ist die Telefonverbindung veraltet. Dort muss man beim „Telefon-Telegraf" (Телеграф) das Gespräch anmelden und warten, bis die Verbindung zustande gekommen ist.

telefonieren

In Dörfern gibt es meistens nur die Möglichkeit, von der Post aus zu telefonieren.

telefon	Telefon
avtomat telefon *Automat Telefon*	Münzfernsprecher
kom<u>u</u>tator	Vermittlung, Telefonzentrale
telefon n<u>o</u>mer-ʸ *Telefon Nummer-seine*	Telefonnummer
telefon-nan sᵘjläschü *Telefon-6 Gespräch*	Telefongespräch
sh'irlᵉ sᵘjläschü *örtliches Gespräch*	Ortsgespräch
chol'qara sᵘjläschü *internationales Gespräch*	Auslandsgespräch
scholt'rat-ʸrgha	telefonieren

Minga scholt'rat-ʸrgha kiräk.
ich-4 telefonieren nötig
Ich muss telefonieren.

Telefon b<u>u</u>dka-sʸ qojda?
Telefon Zelle-seine wo
Wo ist eine Telefonzelle?

Telefonieren & Internet

Qojda scholʸrat-ʸrgha mᵘmkin?
wo telefonieren möglich
Wo kann man telefonieren?

Min Berlin-gä scholʸrat-ʸrgha tᵉl-i-m.
ich Berlin-4 telefonieren wollen-GE-ich
Ich möchte nach Berlin telefonieren.

Sᵘjläschü küp-mᵉ tᵘr-a?
Gespräch wieviel kosten-GE
Wie viel wird das Gespräch kosten?

Den folgenden Satz sagt man z. B. zu einer Telefonistin einer Telefonzentrale, wenn man in einem Unternehmen anruft und mit einem der Angestellten verbunden werden möchte:

... nʸ/nᵉ telefon-gha ch'o̱qʸr-ʸghʸz älᵉ.
...-3 Telefon-4 ruft-ihr bitte
Rufen Sie bitte ... an den Apparat.

Abonent sh'owap bi̱r-m-i.
Teilnehmer Antwort geben-nicht-GE
Der Teilnehmer antwortet nicht.
(mögliche Antwort)

Bu ...	**Kᵉm bᵉlän sᵘjläsch-ä-m?**	*In Tatarien meldet man sich am Telefon mit Allo! (Hallo!).*
das ...	*wer mit sprechen-GE-ich*	
Hier spricht ...	Mit wem spreche ich?	

Min ... äfändᵉ bᵉlän sᵘjläsch-ᵉrgä tᵉl-i-m.
ich ... Herr mit sprechen wollen-GE-ich
Ich möchte Herrn ... sprechen.

Telefonieren & Internet

Beachten Sie, dass alle Anhängsel für „Frau" und „Herr" dem Namen nachgestellt werden.

Wenn man eine Frau sprechen möchte, ersetzt man äfänd^e (Herr) durch chon^ym (Frau). Aber das ist äußerst offiziell. Einfacher sagt man ogha (Herr) und opa (Frau).

Ul ^üj-dä-m^e?
er/sie Haus-5-?
Ist er/sie zu Hause?

Äjj^e, ul ^üj-dä.
ja, er/sie Haus-5
Ja, er/sie ist zu Hause.

Juq, ul ^üj-dä juq.
nein, er/sie Haus-5 nein
Nein, er/sie ist nicht zu Hause.

Oz gh^yna k^üt-^üg^ez.
wenig nur wartet-ihr
Einen Moment, bitte.

B^er säghät-tän qobat schol̲t^yrat-^ygh^yz.
eine Stunde-6 nochmal telefoniert-ihr
Bitte rufen Sie in einer Stunde nochmal an.

Onga äjt-^eg^ez: min scholt^yrat-t^y-m.
ihm sagt-ihr: ich anrufen-BV-ich
Sagen Sie ihm bitte, dass ich angerufen habe.

Min s^ungraq qobat scholt^yrat-a-m.
ich später nochmal anrufen-GE-ich
Ich rufe später nochmal an.

M^un^u ... äjt-^eg^ez.
das-3 ... sagt-ihr
Bitte sagen Sie das ...!

b^er märtäbä togh^yn	noch einmal
oqr^yn-raq	langsamer
q^ych'q^yr^yp	lauter

Telefonieren & Internet

Internet

In Tatarien wie auch in Russland ist das Internet erst seit einigen Jahren verfügbar. Es ist zwar noch nicht bis ins letzte Dorf gekommen, aber in jeder Stadt können Sie E-Mails abrufen und versenden. In großen Städten gibt es Internet-Cafés.

Min elektron potschta-m-n^y ch'oq^yr-^yrgha t^el-i-m.
ich elektronische Post-meine-3 abrufen wollen-GE-ich
Ich möchte meine E-Mails abrufen.

Min elektron potschta-m-n^y sol-^yrgha t^el-i-m.
ich elektronische Post-meine-3 senden wollen-GE-ich
Ich möchte eine E-Mail senden.

elektron potschta	E-Mail
elektronische Post	
internet	Internet
kompjuter	Computer
internet-kafe	Internet-Café
fajl	Datei
k^erü mäghlümat-lar-^y	Zugangsdaten
Zugang Daten-Mz-seine	
personal parol	persönliches Kennwort

Zoll & Behörden

Als Tourist kommt man mit Behörden normalerweise nicht in Berührung. Sollte man dennoch etwas auf Behörden zu erledigen haben, wird man als Ausländer für gewöhnlich höflich behandelt.

Formulare

Mit dem folgenden Satz können Sie einen Beamten bitten, Ihnen beim Ausfüllen eines Formulars zu helfen.

Таможня декларациясын ничек тутырырга кирәк? Минга ярдәм итегез.
Tamoshnja deklaratsija-sʸ-n nich'ᵉk tutʸr-ʸrgha kiräk? Minga järdäm it-ᵉgᵉz.
Zoll Erklärung-seine wie ausfüllen nötig? ich-4 Hilfe macht-ihr
Helfen Sie mir bitte, die Zollerklärung auszufüllen.

формуляр	**formular**	Formular
исем	**isᵉm**	Vorname
фамилия	**familija**	Nachname
адрес	**adres**	Adresse
урам	**uram**	Straße
тору урыны	**tᵘru urʸn-ʸ**	Wohnort
	Wohnen Ort-sein	
килү	**kilü**	Ankunft, Einreise
китү	**kitü**	Abreise, Ausreise

148 | jᵘz qʸrʸq sigᵉz

Zoll & Behörden

pasport kontrol-ᵉ	Passkontrolle	паспорт контроле
Pass Kontrolle-seine		
tamoshnja tikscherüj-ᵉ	Zollkontrolle	таможня тикшерүе
Zoll Kontrolle-seine		
ch'it il-gä ch'ʸghu pasport-ʸ	Reisepass	чит илгә чыгу паспорты
fremdes Land-4 Ausfahrt Pass-ihr		
tamoshnja sh'ʸjʸm-ʸ	Zollgebühren	таможня җыемы
Zoll Zahlung-seine		
tamoshnja deklaratsija-sʸ	Zollerklärung	таможня декларациясы
Zoll Erklärung-seine		

Poschlina solu ᵘch'ᵘn berär närsä bor-mʸ?
Zoll Besteuerung für irgendeine Sache es-gibt-?
Haben Sie etwas zu verzollen?

Bu büläk-lär/schächsi äjbᵉr-lär.
das Geschenk-Mz/persönliches Ding-Mz
Das sind Geschenke/persönliche Dinge!

Polizei

Милиция чакырыгыз!
Militsija ch'oqʸr-ʸghʸz!
Miliz ruft-ihr
Rufen Sie die Polizei!

Иң якын милиция посты кайда?
Ing-joqʸn militsija post-ʸ qojda?
nächste Miliz Wache-ihre wo
Wo ist die nächste Polizeiwache?

jüz qʸrʸq tughʸz | 149

Fotografieren

Минга һөҗүм иттеләр.
Minga hüsh'üm it-te-lär.
ich-4 Überfall machen-BV-sMz
Man hat mich überfallen.

Мине таладылар.
Mine tola-dy-lar.
ich-3 bestehlen-BV-Mz
Man hat mich bestohlen!

Мин документларымны югалттым.
Min dokument-lar-ym-ny jughalt-ty-m.
ich Dokument-Mz-mein-3 verlieren-BV-ich
Ich habe meine Papiere verloren.

Fotografieren

Tatarien, wie auch ganz Russland, ist zurzeit sehr politisiert. Wenn Sie etwas fotografieren, könnte man Sie für einen politischen Gegner halten. Die Folgen können recht unangenehm sein. Ich selbst habe damit schlechte Erfahrungen gemacht. Deshalb fragen Sie lieber nach, ob das Fotografieren auch erlaubt ist, bevor Sie auf den Auslöser drücken!

Монда карточкага төшерергә мөмкинме?
Munda kartotschka-gha tüschür-ergä mümkin-me?
hier Bild-4 legen möglich-?
Darf man hier fotografieren?

Fotografieren

Карточкага/рәсемгә төшерергә тыела!
Kartotschka-gha/räs^em-gä t^üsch^ür-^erga tyj^yl-a!
Bild-4 legen verboten-sein-GE
Fotografieren verboten!

S^ez-n^e k_artotschka-gha t^üsch^ür-^ergä m^ümk_in-m^e?
ihr-3 Bild-4 legen möglich-?
Darf ich Sie fotografieren?

fotoaparat	Fotokamera
objektiv	Objektiv
videok_amera	Videokamera
batar_eja-lar	Batterien
fotogr_afija	Fotografie
qora oq pl_onka *schwarz weiß Film*	Schwarzweißfilm
t^üsl^ü pl_onka *farbiger Film*	Farbfilm
k_artotschka-gha/ räs^em-gä t^üsch^ür-^ergä *Bild-4 legen*	fotografieren
film t^üsch^ür-^ergä *Film legen*	filmen

j^üz ill^e b^er

Rauchen

Wenn man rauchen möchte, gilt auch hier: besser vorher um Erlaubnis fragen!

Mʉnda tämäkᵉ tort-ʸrgha mᵘmkin-mᵉ?
hier Tabak ziehen möglich-?
Darf man hier rauchen?

Тәмәке тартырга тыела!
Tämäkᵉ tort-ʸrgha tyjʸl-a!
Tabak ziehen verboten-sein-GE
Rauchen verboten!

Sᵉz-dä qobʸz-ʸrgha mᵘmkin-mᵉ?
ihr-5 anrauchen möglich-?
Haben Sie Feuer?

sigaret	Zigaretten
filtr-lʸ sigaret	Filterzigaretten
filtr-sʸz sigaret	Zigaretten ohne Filter
trubka	Pfeife
tämäkᵉ	Tabak
schʸrpʸ	Streichhölzer
noswaj	Kautabak

Liebesgeflüster

Wenn Sie ein Mädchen mit einem Begleiter treffen, kann er ihr Freund oder Bräutigam sein. Es lohnt sich nicht, mit diesem Mädchen anzubändeln.

Min^em b^elän bij^e-rgä t^el-<u>i</u>-s^eng-m^e?
ich-2 mit tanzen wollen-GE-du-?
Willst du mit mir tanzen?

Tatarische Mädchen haben für Europäer eine ungewöhnliche Schönheit!

Sin bik motur bij-<u>i</u>-s^eng.   Sin bik s^ylu.
du sehr schön tanzen-GE-du   du sehr schön
Du tanzt sehr schön.   Du bist sehr schön.

Äjdä, schorap/s^yra ^esch-<u>ä</u>-b^ez.
wollen-wir, Wein/Bier trinken-GE-wir
Trinken wir etwas Wein/Bier.

Sin bik äjbät/jochsch^y kür^en-<u>ä</u>-s^eng.
du sehr gut aussehen-GE-du
Du siehst sehr gut aus.

Sin minga ^usch-yj-s^yng.   Min sin-^e s^üj-ä-m.
du ich-4 gefallen-GE-du   ich du-3 lieben-GE-ich
Ich mag dich.   Ich liebe dich.

Min^em b^elän kit-ärgä t^el-<u>i</u>-s^eng-m^e?
ich-2 mit gehen wollen-GE-du
Willst du mit mir kommen?

Krank sein

b^ergä j^urlargha	zusammen schlafen
soqlagh^ych'-tabl<u>e</u>tka *Verhütungs-Tablette*	die Pille (zur Verhütung)
prezervativ	Kondom
spid	Aids

Sin min^em b^elän j^uqla-rgha t^el-i-s^eng-m^e?
du ich-2 mit schlafen wollen-GE-du-?
Willst du mit mir schlafen?

Juq, t^el-m-i-m / <u>o</u>l-m-yj-m.
nein, wollen-nicht-GE-ich / können-nicht-GE-ich
Nein, ich will/kann nicht.

Bäjl<u>ä</u>n-mä! / Min^e t^yn^ych' qold^yr!
belästige-nicht / ich-3 ruhig lass
Lass mich in Ruhe.

Krank sein

Medizinische Hilfe bekommen Sie in Polikliniken und Krankenhäusern. Als Ausländer müssen Sie diese privat bezahlen. Niedergelassene Ärzte gibt es nur selten. Man sollte unbedingt eine kleine Reiseapotheke mitnehmen. Viele Arzneien bekommen Sie in Tatarien nicht.

Krank sein

poliklinika	Poliklinik	поликлиника
bolnitsa	Krankenhaus	больница
registratura	Aufname	регистратура
vratsch	Arzt	врач
qobul itü woqʸt-ʸ	Sprechstunde	кабул иту вакыты
Empfang Machen Zeit-seine		
qobul itü bülmä-sᵉ	Wartezimmer	кабул иту бүлмәсе
Empfang Machen Zimmer-sein		

Биредә якында больница бармы?
Birᵉdä joqʸnda bolnitsa bor-mʸ?
hier in-der-Nähe Krankenhaus es-gibt-?
Gibt es ein Krankenhaus hier in der Nähe?

Врач чакырыгыз. Биредә врач бармы?
Vratsch ch'oqʸr-ʸghʸz. **Birᵉdä vratsch bor-mʸ?**
Arzt ruft-ihr *hier Arzt es-gibt-?*
Rufen Sie bitte einen Gibt es einen Arzt
Arzt. hier?

Ашыгыч ярдәм машинасын чакырыгыз.
Oschʸghʸch' järdäm moschina-sʸ-n ch'oqʸr-ʸghʸz.
dringende Hilfe Auto-ihr-3 ruft-ihr
Bitte rufen Sie einen Krankenwagen!

beim Arzt

Sᵉz temperatura-ghʸz-nʸ ülch'ä-dᵉ-gᵉz-mᵉ?
ihr Temperatur-eure-3 messen-BV-ihr-?
Haben Sie die Temperatur gemessen?

jüz illᵉ bisch | 155

Krank sein

Temperatu̱ra-ghʸz bor.
Temperatur-eure es-gibt
Sie haben Fieber.

Temperatu̱ra-ghʸz juq.
Temperatur-eure nein
Sie haben kein Fieber.

Min üz-ᵉm-nᵉ nochʼar chis it-ä-m.
ich selbst-mein-3 schlecht Gefühl machen-GE-ich
Ich fühle mich schlecht.

Jʸsch solqʸn-tijüw-ᵉm/tᵘmaw-ʸm bor.
oft Erkältung-meine/Schnupfen-mein es-gibt
Ich habe oft Erkältung/Schnupfen.

Qojsʸ tᵘsch-ᵘgᵉz owʸrt-a?
welche Stelle-eure wehtun-GE
Was tut Ihnen weh?

In den nebenstehenden Satz können Sie die Wörter der nachfolgenden Liste unverändert einsetzen. Beachten Sie dabei, dass sich die besitzanzeigende Endung nach dem Gesetz der Lautharmonie richtet.

...-ʸm/-ᵉm owʸrt-a.
...-mein(e) wehtun-GE
Mir tut/tun ... weh.

Bosch-ʸm owʸrt-a.
Kopf-mein wehtun-GE
Mir tut der Kopf weh.

qul	Arm; Hand
küz	Auge
qᵘrsaq	Bauch
ojaq	Bein; Fuß
sidᵉk quwʸgh-ʸ *Harn Blase-seine*	Blase (Harn-)
kükräk chʼitlᵉg-ᵉ *Brust Korb-ihr*	Brustkorb
imchʼäk	Brust (weibl.)
ᵉchʼäk	Darm
shʼᵉnsi o̱rgan-nar *geschlechtliches Organ-Mz*	Genitalien

Krank sein

muj^yn	Hals
tir^e	Haut
j^uräk	Herz
t^ez	Knie
s^üjäk	Knochen
bosch	Kopf
bow^yr	Leber
üpkä	Lunge
oschqozan^y	Magen
ow^yz	Mund
muskul	Muskel
b^ur^un	Nase
b^üj^ür	Nieren
q^ulagh	Ohr
orqa	Rücken
ingbasch	Schulter
mongghaj	Stirn
t^esch	Zahn
t^el	Zunge

Wie in vielen anderen Sprachen auch bedeutet das Wort für „Zunge" (hier: t^el) auch gleichzeitig „Sprache"!

Bu t^üsch-^üm ow^yrt-a!
diese Stelle-meine wehtun-GE
Hier tut es mir weh!

Ojaq s^ynghan.
Bein gebrochen
Das Bein ist gebrochen.

Min diabet b^elän ow^yruch'^y.
ich Diabet mit Kranke
Ich bin Diabetiker.

Krank sein

Min⁰ ... bᵘrch'-yj.
ich-3 ... Sorgen-machen-GE
Ich habe Probleme mit ...

спид	**spid**	Aids
аллергия	**alergija**	Allergie
ангина	**angina**	Angina
эч киту	**ᵉch' kitü**	Durchfall
ялкынсыну	**jolqʸnsʸnu**	Entzündung
косу	**qᵘsu**	Erbrechen
жар, кызу	**shar, qʸzu**	Fieber
грипп	**grip**	Grippe
ютәл	**jütäl**	Husten
йөрәк авырту	**jᵘräk owʸrtu** *Herz Schmerz*	Herzschmerzen
баш авырту	**bosch owʸrtu** *Kopf Schmerz*	Kopfschmerzen
ашказаны авырту	**oschqozanʸ owʸrtu** *Magen Schmerz*	Magenschmerzen
һуш киту	**husch kitü** *Bewusstsein Weggang*	Ohnmacht
авырту	**owʸrtu**	Schmerzen
йөклелек	**jᵘklᵘlᵉk**	Schwangerschaft
баш әйләнү	**bosch äjlänü** *Kopf Drehen*	Schwindel
күңел болганы	**küngᵉl bᵘlghanu** *Seele Trübheit*	Übelkeit

beim Zahnarzt

Bᵉr tᵉsch-ᵉm owʸrt-a.
ein Zahn-mein wehtun-GE
Mir tut ein Zahn weh.

Тешкә пломба куегыз, суырмагыз.
Tᵉsch-kä plomba quj-ᵍghʸz, suwʸr-ma-ghʸz.
Zahn-4 Plombe stellt-ihr, zieht-nicht-ihr
Den Zahn bitte plombieren, nicht ziehen.

Наркоз кирәк түгел.
Narkoz kiräk tügᵉl.
Betäubung nötig nicht
Bitte keine Betäubung!

Минем бер тапкыр шприцым янында бар.
Minᵉm bᵉr topqʸr-schprits-ʸm jonʸnda bor.
meine eine Einwegspritze-meine dabei es-gibt
Ich habe eine Einwegspritze dabei.

Apotheke

Zusätzlich zur üblichen Reiseapotheke sollte man sämtliche Hygieneartikel von zu Hause mitnehmen.

Ing-joqʸn aptᵉka qojda?
nächste Apotheke wo
Wo ist die nächste Apotheke?

Mᵉnä retsept-ʸm.   **... bor-mʸ?**
hier Rezept-mein   *... es-gibt-?*
Hier ist mein Rezept.   Haben Sie ...?

Bu doru-nʸ qojda tob-argha mümkin?
diese Arznei wo finden möglich
Wo kann man diese Arznei finden?

Krank sein

аптека	**apt<u>e</u>ka**	Apotheke
антибиотиклар	**antibiot<u>i</u>k-lar**	Antibiotika
градусник	**gr<u>a</u>dusnik**	Fieberthermometer
пластырь	**pl<u>a</u>styr**	Pflaster
мамык	**mom^yq**	Watte
май	**moj**	Salbe
таблетка	**tabl<u>e</u>tka**	Tablette
бинт	**bint**	Verband
шәм	**schäm**	Zäpfchen
йоклата торган дару	**j^uqlata-t^urghan doru** *einschläfernde Arznei*	Schlafmittel
хатыннар аслыгы	**chot^yn-nar osl^ygh-^y** *Frau-Mz Binde-ihre*	Damenbinden
биләү	**biläw**	(Stoff-)Windel
эчкe	**^ech'k^e**	zum Einnehmen
сөртә торган дару	**s^ürtä-t^urghan doru** *einreibende Arznei*	zum Einreiben, äußerlich
балалар өчен	**bola-lar ^üch'^ün** *Kind-Mz für*	für Kinder

Minga bosch-ow^yrtu-gha qorsch^y b^er doru bir-^eg^ez.

ich-4 Kopfschmerzen-4 gegen eine Arznei gebt-ihr
Geben Sie mir etwas gegen Kopfschmerzen.

Toilette

Öffentliche Toiletten sind nicht gerade empfehlenswert, da sie für gewöhnlich ziemlich schmutzig sind. Besser sind private Toiletten und Pachttoiletten. Gewöhnlich gibt es dort auch Toilettenpapier (in öffentlichen Toiletten niemals). Es ist jedoch besser, welches dabeizuhaben.

Туалет кайда?
Tualet qojda?
Toilette wo
Wo ist die Toilette?

хатыннар өчен	ирләр өчен
choty**n-nar** ü**ch'**ü**n**	**ir-lär** ü**ch'**ü**n**
Frau-Mz für	*Mann-Mz für*
Damen	Herren

Tualet qäghäz-e bor-my**?**
Toilette Papier-ihr es-gibt-?
Gibt es Toilettenpapier?

Wenn die Toilette gerade gesäubert wird, hängt an der Tür das Schild:

ЯБЫ
joby**q**
geschlossen

Schimpfen & Fluchen

Wie in jeder Sprache gibt es auch im Tatarischen ziemlich derbe Ausdrücke. Das Verständnis der Schimpfwörter erleichtert es, manche Situationen besser zu erkennen und zu meistern. Die folgenden Wörter sind deshalb nicht für den Eigengebrauch gedacht, sondern lediglich für das Verstehen einer Situation.

Ischäk!	Esel!
Onggh‍ʸra!, Sontyj!	Blödmann!
Jülär!, Til‍ᵉ!, Tintäk!, Ochmaq!	Idiot!, Dummkopf!
Äträk-älämnär!	Gesindel!
Jow‍ʸz!, Bädbäch‍ᵉt!, Äschäk‍ᵉ!	Halunke!, Schurke!
Iblis!, Schojtan!	Satan!
Sh‍ᵉn!	Teufel!

Dringende Hilferufe

Falls Sie in eine Notsituation gekommen sind, helfen Ihnen folgende Sätze zum Daraufzeigen weiter.

Минем исемем ...
Minᵉm isᵉm-ᵉm ...
mein Name-mein ...
Mein Name ist ...

Мин Германиядан килдем.
Min Germanija-dan kil-dᵉ-m.
ich Deutschland-6 kommen-BV-ich
Ich komme aus Deutschland.

... Австриядан ...   ... Швейцариядан ...
... Avstrija-dan ...   **... Schvejtsarija-dan ...**
... Österreich-6 ...   *... Schweiz-6 ...*
... aus Österreich.   ... aus der Schweiz.

Мин аварияга очрадым.   Мин авыру.
Min avarija-gha ᵘch'ra-dʸ-m. **Min owʸru.**
ich Unfall-4 geraten-BV-ich *ich krank*
Ich hatte einen Unfall.   Ich bin krank.

Мине таладылар.
Minᵉ tola-dʸ-lar.
ich-3 bestehlen-BV-Mz
Man hat mich bestohlen.

jᵘz oltmʸsch ᵘch' | **163**

Dringende Hilferufe

Мин документларымны югалттым.
Min dokument-lar-ᵞm-nᵞ jughalt-tᵞ-m.
ich Dokument-Mz-mein-3 verlieren-BV-ich
Ich habe meine Dokumente verloren.

Врач / милиция чакырыгыз!
Vratsch/militsija ch'qᵞr-ᵞghᵞz!
Arzt/Polizei ruft-ihr
Bitte rufen Sie einen Arzt/die Polizei!

Мине больницага / милицияга илтегез!
Minᵉ bolnitsa-gha/militsija-gha ilt-ᵉgᵉz!
ich-3 Krankenhaus-4/Polizei-4 bringt-ihr
Bitte bringen Sie mich in ein Krankenhaus/zur Polizei!

...га ничек барырга?
...gha nich'ᵉk bor-ᵞrgha?
...-4 wie fahren
Wie komme ich nach ...?

Кайда шалтыратырга мөмкин?
Qojda scholtᵞrat-ᵞrgha mᵘmkin?
wo telefonieren möglich
Wo kann man telefonieren?

164 | jᵘz oltmᵞsch dürt

Literaturhinweise

Wer noch ein bisschen mehr über die tatarische Sprache erfahren und lernen möchte, sollte am besten Russisch sprechen/lesen können. Die folgenden Lehr- und Wörterbücher sind auf Russisch abgefasst.

Safiullina F.: „Tatarskij jazyk". Kasan 1991. (Die tatarische Sprache)

Litwinow I.: Ja natschinaju govorit po-tatarski. Kasan 1998. (Ich beginne Tatarisch zu sprechen)

Ganijew F.: Tatarsko-russkij slowar. Kasan 1988. (Tatarisch-russisches Wörterbuch)

Ganijew F.: Russko-tatarskij slowar. Kasan 1984. (Russisch-tatarisches Wörterbuch)

Die hier genannten Bücher/Schriften sind nicht über den Reise Know How Verlag erhältlich.

Neu! Landkarten von

In Zusammenarbeit mit der *Map Alliance* startet *Reise Know-How* jetzt das **World Mapping Project™**. **Neu im Sortiment** sind die ersten von über 200 Landkarten, die die ganze Welt abdecken. Alle Karten sind GPS-tauglich, mit Höhenlinien und -schichten und mit ausführlichem Ortsregister.

Lieferbar:

- ❏ Ägypten (1:1.25 Mio)
- ❏ Andalusien (1:650.000)
- ❏ Afghanistan (1:1,1 Mio)
- ❏ Australien (1:4.5 Mio)
- ❏ Cabo Verde (1:150.000)
- ❏ Costa Brava (1:150.000)
- ❏ Costa del Sol (1:150.000)
- ❏ Cuba (1:850.000)
- ❏ Namibia (1:1.25 Mio)
- ❏ Dominikanische Republik (1:450.000)
- ❏ Gran Canaria (1:100.000)
- ❏ Guatemala, Belize (1:500.000)
- ❏ Madeira (1:45.000)
- ❏ Mallorca (1:150.000)
- ❏ Malta, Gozo (1:50.000)
- ❏ Marokko (1:1 Mio)
- ❏ Mexiko (1:2,25 Mio)
- ❏ Neuseeland (1:1 Mio)
- ❏ Polen (1:850.000)
- ❏ Sri Lanka (1:500.000)
- ❏ Südafrika (1:1.7 Mio)
- ❏ Teneriffa (1:120.000)
- ❏ Thailand (1:1.2 Mio)
- ❏ Tunesien (1:850.000)
- ❏ Deutsche Ostseeküste (1:250.000)
- ❏ Deutsche Nordseeküste (1:250.000)
- ❏ Von Berlin zur Ostseeküste (1:250.000)
- ❏ Voralpenland (1:250.000)

ab Mai 2002:

- ❏ Argentinien (1:2.75 Mio)
- ❏ Bali, Lombok, Komodo (1: 400.000)
- ❏ Baja California (1:850.000)
- ❏ Bretagne (1: 500.000)
- ❏ Dalmatien (1: 225.000)
- ❏ Dänemark (1: 350.000)
- ❏ Fischland, Darß, Zingst (1:50.000)
- ❏ Friaul, Venezien (1: 300.000)
- ❏ Fuerteventura (1: 125.000)
- ❏ Gardasee (1: 75.000)
- ❏ Griechenland (1: 750.000)
- ❏ Hawaii (1:275.000)
- ❏ Ibiza, Formentera (1: 75.000)
- ❏ Irland (1: 400.000)
- ❏ Island (1: 475.000)
- ❏ Istrien (1: 200.000)
- ❏ Kölns Umgebung (1: 250.000)
- ❏ Korfu (1: 75.000)
- ❏ Kreta (1: 300.000)
- ❏ Kroatien (1:325.000)
- ❏ Ligurien, Piemonte (1: 300.000)
- ❏ Libyen (1:1.7 Mio)
- ❏ Lanzarote (1: 75.000)
- ❏ Mallorca Wanderkarte (3 Blätter je 1: 50.000)
- ❏ Malaysia (1:1.25 Mio)
- ❏ Nord- und ❏ Südskandinavien (je 1: 1.1 Mio)
- ❏ Normandie (1: 500.000)
- ❏ Polens Norden (1: 400.000)
- ❏ Portugal (1: 650.000)
- ❏ Pyrenäen (1: 500.000)
- ❏ Ruhrgebiet (1: 250.000)
- ❏ Rügen (1: 90.000)
- ❏ Trinidad, Tobago (1:260.000)
- ❏ Umbrien (1: 300.000)
- ❏ Venezuela (1:1.5 Mio)
- ❏ Yucatan (1:750.000)

Alle Karten haben gefaltet das Maß 10 x 25cm (aufgefaltet 60 x 92cm), ein- oder beidseitig bedruckt und passen so in jede Westentasche, kein störender Pappumschlag. Der Preis: € 7,90.

Jetzt bestellen:
beim Buchhändler oder unter www.reise-know-how.de oder per Fax 0521-441047 (diese Seite kopieren und die gewünschte(n) Karte(n) ankreuzen).

❏ Bitte halten Sie mich über den Fortgang des **World Mapping Project™** (30 weitere Karten in 2002) auf dem Laufenden.

Kauderwelsch-Sprechführer

gibt's für unheimlich viele Sprachen:

Afrikaans ● Albanisch ● Amerikanisch - *American Slang, More American Slang,* Amerikanisch oder Britisch?* ● Amharisch ● Arabisch - Hocharabisch, für Ägypten, Algerien, Golfstaaten, Irak, Jemen, Marokko, Palästina-Syrien, Sudan, Tunesien ● Armenisch ● *Bairisch* ● Balinesisch* Baskisch* ● Bengali ● *Berlinerisch* ● Brasilianisch ● Bulgarisch ● Burmesisch Cebuano ● Chinesisch ● Dänisch ● Deutsch - *Allemand, Duits, German, Nemjetzkii, Tedesco* ● *Elsässisch* ● Englisch - *British Slang, Australian Slang, Canadian Slang, Neuseeland Slang,* für Australien, für Indien* ● Esperanto Estnisch ● Finnisch ● Französisch - für Restaurant & Supermarkt, für den Senegal, für Tunesien, *Französisch Slang, Franko-Kanadisch* ● Galicisch Georgisch ● Griechisch ● Guarani ● Hausa ● Hebräisch ● Hieroglyphisch Hindi ● Indonesisch ● Irisch-Gälisch ● Isländisch ● Italienisch - *Italienisch-Slang,* für Opernfans, kulinarisch ● Japanisch ● Javanisch ● Jiddisch Kantonesisch ● Kasachisch ● Katalanisch ● Khmer ● Kisuaheli Kinyarwanda ● *Kölsch* ● Koreanisch ● Kroatisch ● Kurdisch ● Laotisch Lettisch ● Lëtzebuergesch ● Lingala ● Litauisch ● Madagassisch Makedonisch ● Malaiisch ● Mallorquinisch ● Maltesisch ● Mandinka Mongolisch ● Nepali ● Niederländisch ● Norwegisch ● Paschto ● Patois Persisch ● Pidgin-English ● *Plattdüütsch* ● Polnisch ● Portugiesisch Pandschabi* ● Quechua ● *Ruhrdeutsch* ● Rumänisch ● Russisch ● *Sächsisch Schwäbisch* ● Schwedisch ● *Schwiizertüütsch* ● *Scots* ● Serbisch Singhalesisch ● Sizilianisch ● Slowakisch ● Slowenisch ● Spanisch - *Spanisch Slang,* für Lateinamerika, für Argentinien, Chile, Costa Rica, Cuba, Dominikanische Republik, Ecuador, Guatemala, Honduras, Mexiko, Nicaragua, Panama, Peru, Venezuela, kulinarisch ● Tagalog ● Tamil ● Tatarisch Thai ● Tibetisch ● Tschechisch ● Türkisch ● Ukrainisch ● Ungarisch Urdu ● Usbekisch ● Vietnamesisch ● Walisisch* ● Weißrussisch *Wienerisch* ● Wolof

REISE KNOW-HOW Verlag Peter Rump GmbH, Bielefeld
* erscheint 2002

Wörterliste Deutsch – Tatarisch

Die Wörterlisten enthalten einen Grundwortschatz von ca. 1000 Wörtern. Vokabular, das man in den einzelnen Kapiteln nachschlagen kann, ist hier nicht immer aufgeführt. Aus der tatarischen Grundform (Infinitiv) eines Verbs kann man nicht ohne Weiteres den Stamm erkennen. In dieser Liste sind Infinitivendungen daher immer durch Bindestrich getrennt, z. B. josa-rgha (machen).

A

Abend kich'
Abendessen kich'k^e osch
aber läkin, ä, ämma
abfahren kit-ärgä
abfliegen ^{u}ch'^{u}p kit-ärgä
abreisen kit-ärgä
abschleppen buksirla-rgha
Adresse adres
Alkohol alkogol
allein b^{e}r üz^e
alles b^{u}t^{u}n^{e}s^e, bor^{y}s^y
als (Vergleich) k^{e}b^{e}k, schik^{e}ll^e
als (zeitlich) ...ghach'/ ...gäch' (Endung, GLH!)
alt (nicht jung) qort
alt (nicht neu) isk^e
Alte(r) qort, qort k^{e}sch^e
Alter (Lebens-) jäsch
Andenken istäl^{e}k^e büläk
anfangen boschla-rgha, boschlan-^{y}rgha
Angestellte(r) ch^{e}zmätkär
Angst qurqu
anhalten tuqta-rgha, tuqtat-^{y}rgha
ankommen kil-^{e}rgä

Ankunft kilü
Antwort sh'awap
antworten sh'awap bir-^{e}rgä
Apotheke apteka
arbeiten ^{e}schlä-rgä
Arbeiter ^{e}schch'^{e}
Arbeiterin ^{e}schch'^{e} chot^{y}n
arm jorl^y
Arzt vratsch, täbib
auch schulaj uq, da/dä
auf bosch^{y}nda, buj^{y}nda
Aufenthalt bulu, t^{u}ru
aufhören tuqta-rgha, tuqtat-^{y}rgha
aufstehen t^{u}r-^{u}rgha
aufwachen ujan-^{y}rgha
aus ...dan/...dän/ ...nan/...nän (Endung, GLH!)
Ausfuhr eksport
Ausgang ch'^{y}ghu ur^{y}n^y
ausgezeichnet bik jochsch^y
Auskunft b^{e}l^{e}schmä
Ausland ch'it il(lär)
Ausländer ch'it il k^{e}sch^{e}s^e
ausländisch ch'it
Ausreise kitü
Aussprache äjt^{e}l^{e}sch
aussteigen t^{u}sch-ärgä
Ausstellung kürgäzmä

168 | j^{u}z olt^{y}msch sig^{e}z

Wörterliste Deutsch – Tatarisch

Ausweis tonʸqlʸq
ausziehen, sich ch'ischen-ergä
Auto moschina
Autowerkstatt STO

B

Badeanzug qᵘjᵘnu kostjumʸ
Badehose plavki
baden qᵘjᵘn-ʸrgha, su qᵘjᵘn-ʸrgha
Badezimmer vannyj
Bahnhof vokzal
Bahnsteig platforma
bald tizdän
Bank (Geld) bank
Bargeld qulda bulghan oqch'a
Batterie batareja, akumulator
bauen quj-argha, tᵘz-ᵘrgä
Bauer krestjan
Baum oghach'
beeilen, sich oschʸgh-ʸrghä
beenden beter-ergä, tämamla-rgä
begleiten ᵘzat-ʸrgha
begrüßen sälämlä-rgä
behandeln däwala-rgä
Behörde utschreshdenije

bei jonʸnda, ...da/...dä (Endung, GLH!)
Beispiel misal
bekanntmachen, sich tonʸsch-ʸrgha
beleidigen üpkälät-ergä
benachrichtigen belder-ergä
Benzin benzin
Berg tow
Beruf hᵘnär
berühmt otaqlʸ
beschweren, sich shaloba bir-ergä
besichtigen qorap ch'ʸghu
Besitzer chush'a
besser jochschʸraq, äjbäträk
bestellen zakaz bir-ergä
Bestellung zakaz
bestrafen schtraf sol-ʸrgha
Besuch kilü, boru
besuchen kil-ergä, bor-ʸrgha
betrügen olda-rgha
betrunken iserek
Bett qorawat
Bettzeug mendär tʸschʸ häm sh'äjmä
bevor ...gha qädär
Beweis dälil
bezahlen tülä-rgä

Bier sʸra
Bild räsem
billig orzan
bis chätle, qädär, ch'oqlʸ, elek
bisschen beraz, oz ghʸna, äz genä
Bitte ütenech', jᵘmᵘsch
bitten sʸra-rgha, üten-ergä
Blatt jofraq
bleiben qol-ʸrgha
Bleistift qäläm, karandasch
Blume gül, ch'äch'äk
Boot kᵘjmä
Botschaft (dipl.) ilch'elek
Brand jonghʸn
Brauch jᵘla
brauchen: man braucht kiräk
breit king
brennen jon-argha
Brief chot
Briefmarke marka
Briefumschlag konvert
Brille küzlek
bringen kiter-ergä
Brot ikmäk, ipi
Brücke küper
Bruder (älter) obyj
Bruder (jünger) ene
Brust (weibl.) imch'äk
Brust(-korb) küpräk, küpräk tüsch

jᵘz oltmʸsch tughʸz | 169

Wörterliste Deutsch – Tatarisch

Buch kitap
buchen
  bronirovat it-ärgä
Buchstabe chär^{e}f
bunt chuwar
Burg zamok
Bürger (Staats-)
  grashdanin
Büro bjuro
Bus awtobus
Butter moj, oq moj

C

Chauffeur schofjor
Chef boschl^{y}q,
  natschalnik

D

da schunda,
  schul woq^{y}tta
Dach tübä
damit ^{ü}ch'^{ü}n, dip
danach onnar^y,
  onnan s^{u}ng
danke rächmät
danken
  rächmät b^{e}ld^{e}r-^{e}rgä
dann onnan, onnan
  s^{u}ng, ul ch'oqta
darum schunl^{y}qtan
dass dip, …ki (Endung)
Datum data
dauern däwam it-ärgä

Decke (Bett-) jurghan,
  odejal
dein/e sin^{e}ng
denken ujla-rgha,
  fikirlä-rgä
Denkmal häjkäl
deshalb schunl^{y}qtan
deutsch n$_e$mets
Deutsche(r) n$_e$mets
Deutschland
  Germanija
Dialekt dialekt
dick juwan
Diebstahl urlaw
dies bu, schusch^y
diese(r, -s) schul,
  schusch^y
Ding äjb^{e}r, närsä
Diskothek diskoteka
Dokument(e)
  dokument
Dolmetscher
  tärsh'^{e}mäch'^{e}
Dorf ow^{y}l
dort t^{e}g^{e}ndä, onda
dorthin onda, t^{e}g^{e}ndä
dringend osch^{y}gh^{y}ch'
du sin
dumm jülär
dunkel qorangh^y
dünn n^{e}ch'kä
durch orq^{y}l^y, oscha
dürfen: man darf
  m^{ü}mkin
Durst: ich habe Durst
  ^{e}ch'äs^{e}m kilä

E

echt ch'^{y}n
Ehefrau chot^{y}n
Ehemann ir
Ehepaar irl^e-chot^{y}nl^y
Ei j^{u}m^{u}rqa
Eigentum mil^{e}k
einander b^{e}r-b^{e}rs^{e}n
Einbruch wot^{y}p och'u
einfach ghodi
Einfuhr import
Eingang k^{e}rü urn^y
einige b^{e}rnich'ä
einladen ch'oq^{y}r-^{y}rgha
Einladung choq^{y}ru
einmal b^{e}rwoq^{y}t
einsteigen k^{e}r-^{e}rgä
eintreten k^{e}r-^{e}rgä
Einwohner t^{u}ruch'^{y}
Eis moroshnyj,
  tund^{y}rma
Eisenbahn tim^{e}r jul
Eiter ^{e}r^{e}n, ül^{e}k
einverstanden riza
Eltern ota-ona(lar)
empfangen
  qobul it-ärgä
empfehlen
  kingäsch it-ärgä
Ende och^{y}r
eng tor
englisch ingliz(ch'ä)
entscheiden
  qorar it-ärgä

Wörterliste Deutsch – Tatarisch

entschuldigen, sich ghofu üt^en-^ergä
er ul
Erde sh'ir
Ereignis woqyjgha
Erfolg ung^ysch
erhalten ol-^yrgha
erholen, sich jol it-ärgä
erinnern, sich chät^erlä-rgä
erkältet sein solq^yn tid^{er}-^ergä
erklären onglat-^yrgha
erlauben r^üchsät it-ärgä
Erlaubnis r^üchsät
Ermäßigung lgota
Ersatzteil zapas tschastlär
erzählen s^üjlä-rgä
essen oscha-rgha
Etage qot
etwa ch'omas^y
etwas närsäd^er
euer/e s^ezn^eng

F

Fabrik fabrika
Faden sh'^ep
Fähre parom
fahren bor-^yrgha, j^ür-^ürgä
Fahrkarte bilet
Fahrplan raspisanije
Fahrpreis bilet choq^y
Fahrrad velosiped
Fahrzeug moschina
falsch jolgh^ysch
Familie ghoilä
Familienname familija
Farbe t^üs
Farbfilm t^üsl^ü plonka
faul (Obst) ch'^erek, ch'^{er}egän
faul (träge) jolqaw
Fehler chota, jolgh^ysch
Feier bäjräm
feiern bäjräm it-ärgä
feilschen sotulasch-^yrgha
Feld q^yr, bosu
Fenster täräzä
Ferien kanikul
fern j^yraq
Fernsehgerät televizor
fertig äz^er, ^üjüghan
Fest bäjräm
fest qot^y
feucht d^yml^y
Feuer ut
Fieber shar, q^yzu
Film plonka
finden tob-argha
Finger bormaq
Fisch bol^yq
Flasche sch^eschä
Fleisch it
fleißig t^yr^yschqan
fliegen ^uch'-argha
flirten ghyjsch^yq uj^yn^y ujna-rgha
Flughafen aeroport
Flugticket samolot bilet^y
Flugzeug samolot
Fluss j^ylgha
Folklore folklor
Formular blank, formular
Fotoapparat fotoaparat
Fotografie fotografija
fotografieren kartotschkagha t^üsch^ür-^ergä
Frage s^uraw
fragen s^ura-rgha
Frau chot^yn
Fräulein q^yz
frei i^{re}kl^e, busch, ozat
fremd ch'it, jot
freuen, sich schotlan-^yrgha
Freund(in) dus
Freund: mein Freund dust^ym
freundlich och'^yq j^üzl^ü
Freundschaft dusl^yq
Frieden t^yn^ych'l^yq
frieren tung-argha
frisch (Obst) sof
fröhlich schot
Frucht sh'im^esch
früh irtä
Frühstück irtäng^e osch
frühstücken irtäng^e osch oscha-rgha

j^üz sh'itm^esch b^er | 171

Wörterliste Deutsch – Tatarisch

fühlen chis it-ärgä
Führung ekskursija
für üch'ün
fürchten, sich
  qurq-yrgha
Fuß ojaq

G

Gabel ch'änech'ke
ganz bütün, borlyq
Garten boqch'a
Gas gaz
Gasse tyqryq
Gast qunaq
Gastfreundschaft
  qunaqch'ylyq
Gastgeber chush'a,
  jurt chush'asy
Gaststätte restoran,
  kafe
Gebäck petschenje
Gebäude bina, jurt
geben bir-ergä
Gebirge towlar
Gebühr poschlina
Geburtstag tughan kün
gefährlich qurqynych'
gefallen uscha-rgha
Gefängnis zindan
Gefäß sowyt
Gefühl chis
gegen qorsch'y
Gegend joq, sh'ir
gegenüber qorsch'y

gehen bor-yrgha,
  kit-ärgä, jur-ürgä
Geld oqch'a
Gemüse jäschelch'ä
gemütlich ungajly,
  sh'ojly
genau tügäl
genug sh'itärlek,
  sh'itte, schoqtyj
Gepäck bagasch
geradeaus turgha
gern rächätlänep
Geschäft (Laden) kibet
Geschäft (Tätigkeit)
  esch, ghämäl
Geschenk büläk
Geschichte
  (Erzählung) süjläw
Geschichte (Historie)
  torich
Gesellschaft
  shomghyjät
Gesetz zakon
Gespräch süjläschü
gestern kich'ä
gesund isän, toza,
  sow, sälämät
Gesundheit
  sälämätlek, isänlek,
  isän-sow
Getränk ech'emlek
Gewicht owyrlyq
Gewitter
  jäschenle jongghyr
gewöhnen, sich
  ghädätlän-ergä

Gewürz tämlätkech'
Gift oghu
Giftschlange
  oghuly jylan
Glas (Material) pyjala
Glas (Trink-) stakan
glauben yschan-yrgha
Glück bächet
glücklich bächetle
Gold oltyn
Gott Olla
Grammatik gramatika
Gras ulän
gratulieren qutla-rgha,
  täbriklä-rgä
Grenze ch'ik
Grippe grip
groß bujük, zur, däw, ere
Größe (Kleidung u. ä,)
  ulch'äm
Gruppe türküm, grupa
grüßen sälämlä-rgä
grüßen, sich
  isänläsch-ergä
gültig joraqly, zakonly
gut äjbät, schäp,
  jochschy

H

haben bor bul-yrgha
Hafen port
Hälfte jorty
halten (in der Hand)
  tut-argha
Haltestelle toqtalysch

Wörterliste Deutsch – Tatarisch

Handel säwdä
hart qot^y
Haus j^urt, ^üj
Hausfrau j^urt chush'as^y
heben kütär-ergä
Heftpflaster plastyr
heiß ^ess^e, qojnar
helfen bul^ysch-^yrgha
hell ojaz, joqt^y
Herr äfänd^e
herzlich märchämätl^e
heute büg^en
hier m^unda, bir^edä
Hilfe järdäm
hinten ortta
hinter ort^yna, ort^ynda
hoch bij^ek, jughar^y, ^uz^un, bujl^y
Hochzeit tuj
hoffen ^yschan-^yrgha
höflich ädäpl^e
Holz oghach'
hören isch^et-ergä, t^yngla-rgha
Hotel gostinitsa, qunaqchänä
hungrig och'
Hygiene gigijena

I

ich min
Ihr/e S^ezn^eng
ihr/e (Ez) on^yng
ihr/e (Mz) olarn^yng
immer härwaq^yt

impfen sol-^yrgha
in (örtlich) ...da/-dä (Endung, GLH!)
in (zeitlich) ...dan/-dän/-nan/-nän (Endung, GLH!)
Industrie promyschlenost
Information informatsija
informieren, sich s^urasch-^yrgha, bel^esch-ergä
Insekt b^ush'äk
Insel utraw
interessant q^yz^yq, q^yz^yql^y
interessieren, sich q^yz^yqs^yn-^yrgha
international chol^yqara

J

ja äjj^e
Jahr j^yl
Jahreszeit sezon
jährlich här j^yl
jeder här, härb^er
jedesmal härwoq^yt, härch'aq
jemand k^emd^er
jener schul, ul, t^eg^e
jetzt chäz^er
jung jäsch
Junge molaj

K

kalt solq^yn, suw^yq
kaputt ^eschlämi
Karte karta
Kasse kassa
kaufen sot^yp ol-^yrgha
kennen bel-ergä
Kind bola
Kino kino
Kirche ch'irkäw
Kleidung kij^em-sol^yn
klein bäläkäj, k^ech'k^enä, woq
klug oq^yll^y
Kneipe s^yrachänä
kochen p^esch^er-ergä
Koffer tschemodan
kommen kil-ergä, qojt-^yrgha
kompliziert qotlawl^y
Kondom prezervativ
können ol-^yrgha
Konsulat konsull^yq
kontrollieren tiksch^er-ergä
Konzert kontsert
kosten (Preis) t^ur-^urgha
kosten (probieren) oschap qora-rgha
kostenlos tüläws^ez
krank ow^yru
Krankenhaus bolnitsa, schifachänä
Krankheit ow^yru
kühl solq^ynch'a

j^üz sh'itm^esch ^üch' | 173

Wörterliste Deutsch – Tatarisch

Kühlschrank suwʸtqʸch'
Kunst sänghät
kunstgewerbl. Waren sänghät äjbᵉrlärᵉ
kurz qʸsqa
küssen üb-ärgä

L

lächeln jʸlmaj-ʸrgha
lachen (über) kᵘl-ᴸᵘrgä
Lage (geogr.) chäl
Laken prostynja, sh'äjmä
Lampe lampa
Land il
Landkarte karta
Landschaft pejzasch
Landwirtschaft owʸl chush'alʸghʸ
lang (Entfernung) ᵘzᵘn
lang(e) (Zeit) ᵘzaq
langsam äkrᵉn
langweilig küngᵉlsᵉz
laufen, rennen jᵘgᵘr-ᵉrgä
laut qotʸ
leben jäschä-rgä
Leben tᵘrmᵘsch, ghᵘmᵉr
Lebensmittel ozʸq-tᵘlᵘk
ledig (Frau) kijäwdä tügᵉl
ledig (Mann) ᵘjlänmägän

leer busch
legen quj-argha, sol-ʸrgha
leicht (nicht schwer) sh'ingᵉl
leihen, sich (von) burʸch'qa ol-ʸrgha
lernen ᵘjrän-ᵉrgä
lesen uqʸ-rgha
Leute kᵉschᵉlär, cholʸq
Licht ut, joqtʸ
lieben jorat-ʸrgha
Lied sh'ʸr, kᵘj
liegen jot-argha
links sulda, sulgha
Loch tischᵉk
Löffel qoschʸq, qolaq
Lohn, Gehalt ᵉsch choqʸ
lügen jolghanla-rgha
lustig küngᵉllᵉ, schot

M

machen it-ärgä, josa-rgha
Mädchen qʸz
malen räsᵉm josa-rgha
manchmal qojch'aq
Mann ir kᵉschᵉ
Markt bozar
Medikament medikament
Meer dinggᵉz
mehr ortʸq, kübräk
mein/e minᵉm

Menge, Quantität miqdar, son
Mensch kᵉschᵉ
merken, sich chätᵉrlä-rgä
Messer pʸch'aq
mieten olʸp tᵘr-ʸrgha
Minute minut
mit bᵉlän
Mittag kᵘn urtasʸ, tᵘsch
Mittagessen tᵘschkᵘ osch
Mode moda
möglich mᵘmkin
Monat oj
Morgen irtä
morgen irtägä
Motor motor
Motorboot motorlʸ kᵘjmä, kater
Motorrad mototsikl
müde orʸghan
Müll ch'üp
Museum muzej
Musik muzyka
müssen tijᵉsch
Mutter ona, äni

N

nach (Richtung) ...gha (Endung 4. Fall)
nach (Zeit) sᵘng
Nachmittag tᵘschtän sᵘng

Wörterliste Deutsch – Tatarisch

Nachricht chäbär
nächstes Mal boschqa woqytta
Nacht tün
nackt jolanghach'
Nadel inä, ᵉnä
nah joqyn
Name isᵉm
nass jüjᵉsch, dymlʸ
Nationalität millät
Natur tobighät
natürlich (nicht künstl.) ch'ʸn
neben jonʸnda
nehmen ol-ʸrgha
nein juq
neu jonga
neugierig qʸzʸqs ʸnuch'an
nicht tügᵉl
nichts hich'närsä
niedrig täbänäk
niemals bᵉrkojch'an da
niemand bᵉrkᵉm dä
nirgendwo hich'qojda
nirgendwohin hich'qoja
noch toghʸ, toghʸn
noch einmal bᵉr märtäbä toghʸn
Norden tünjaq
normal normal
notwendig kiräk
Nummer nomer, son
nur gᵉnä, ghʸna

O

ob ...mʸ/...mᵉ (Endung, GLH!)
oben üstä
Obst sh'iläk-sh'imᵉsch
oder jo, jäisä, ällä
öffnen och'-argha
oft jʸsch
ohne ...sʸz/...sᵉz (Endung, GLH!)
Öl moj, üsᵉmlᵉk mojʸ
Organ organ
organisieren uʸuschtʸr-ʸrgha
Ort urʸn
Ösrerreicher avstrijalᵉ
Osten künschʸghʸsch
Österreich Avstrija
Österreicherin Avstrija chotʸnʸ

P

paar bᵉrnich'ä
Paar par
Päckchen banderol
Paket posylka
Palast soraj
Panne avarija
Park park
Pass pasport
Patient patsijent
Pause tänäfᵉs
Person schächᵉs, kᵉschᵉ
Pflanze üsᵉmlᵉk
Plan plan
Platz (Sitz-) urʸn
Platz (Stadt) mäjdan
Platzkarte platskart
plötzlich qʸlt, kinät
Politik politika
Polizei militsija
Post(amt) potschta
Postkarte otkrytka
Preis choq, bäjä
privat ch uᵘsusyj
Problem problema
Programm programa
Prospekt prospekt
pünktlich tügäl, dürüs

Q / R

Qualität syjfat
Radiogerät radio
Rat kingäsch
rauchen tämäkᵉ tort-ʸrgha
Raum bina, jʸrt
rechnen sona-rgha, chisapla-rgha
Rechnung stschot
Recht ch uᵘquq
rechts ungda
reden sʸjläsch-ᵉrgä
Regen jongghʸr
Regenschirm zontik
registrieren tᵉrkä-rgä
reich boj
reif ülgʸrgän

Wörterliste Deutsch – Tatarisch

Reifen pokryschka
Reise säjächät
Reisebüro turistlar bjurosy
reisen säjächät it-ärgä
reparieren tüzät-ergä
reservieren bronirovat it-ärgä
Restaurant restoran
Rettungswagen oschyghych' järdäm moschinasy
richtig düryüs
Richtung jünälesch
roh ch'i
Rückfahrt kire qojtu july
Rucksack rjukzak
rückständig urttaghy
rufen, schreien ch'oqyr-yrgha
Ruhe tynych'lyq

S

Sache jümüsch
sagen dij-ärgä, äjt-ergä
Salbe maz, moj
Salz tüz
sammeln sh'yj-argha
Sand qum
satt tuq
Satz (Grammatik) sh'ümlä
sauber ch'ista, sof

sauber machen sh'yjyschtyr-yrgha
sauer äch'e
Schallplatte plastinka
scharf ütken, uch'lu
Scheck tschek
Schere qojch'y
schicken, senden sh'ibär-ergä
schießen ot-argha
Schiff korabl
schlafen juqla-rgha
Schlafsack juqlaw qopch'yghy
Schlafzimmer juqu bülmäse
schlagen sugh-argha, bär-ergä
schlecht noch'ar
Schloss (Gebäude) zamok
Schlüssel och'qych'
schmackhaft tämle
Schmerz owyrtu
schmerzen owyrt-yrgha
Schmuck bizäk
schmutzig pych'raq
Schnaps oraqy
schnell tiz
schon inde
schön motur, ch'ibär, güzäl
schreiben joz-argha
Schuh botinka
schuldig burch'ly
Schule mäktäp

Schüler uquch'y
Schülerin uquch'y qyz
schwanger kümänle, jüklü
Schweiz Schvejtsarija
Schweizer schvejtsarijale
Schweizerin Schvejtsarija chotyny
schwer (nicht leicht) owyr
Schwester opa (ältere), sengel (jüngere)
schwierig (nicht einfach) ch'iten, owyr
schwimmen jüz-ärgä
schwitzen tirlä-rgä
See (der) kül
sehen kür-ergä
Sehenswürdigkeit kürenekle uryn
Seide efäk
Seife sobyn
Seil kanat, tros
sein bul-yrgha
sein/e onyng
seit ...dan/...dän/...nan/...nän (Endung, GLH!)
Seite (Richtung) joq
Sekunde sekund
selbst üz
selten siräk
setzen, sich utyr-yrgha
sicher ichtimal
Sie Sez

Wörterliste Deutsch – Tatarisch

sie (Ez) ul
sie (Mz) olar
Silber k^{u}m^{ü}sch
singen sh'^{y}rla-rgha
sitzen ut^{y}r-^{y}rgha
sitzen, passen (Kleidung) jor-argha
so b^{u}laj, schulaj, olaj, schulchät^{l}e
sofort chäz^{e}r ük
Sohn ul, molaj
solch(e/er/es) m^{u}ndyj, $_{o}$ndyj, sch$_{u}$ndyj
sollen: man soll kirük
Sonne q^{u}jasch
sparen soq t^{u}t-argha
spät s^{u}ng
spazieren gehen j^{ü}r-^{ü}rgä
Speise oschaml^{y}q
Speisekarte menju
spielen ujna-rga
Spielzeug uj^{y}nch'^{y}q
Sport sport
Sprache t^{e}l
sprechen s^{ü}jläsch-^{e}rgä
Spritze schprits
Staatsangehörigkeit grashdanl^{y}q
Stadt schähär, qola
stark k^{u}ch'l^{ü}, toza
stehen t^{u}r-^{u}rgha
Stein tosch
Stelle, Ort ur^{y}n
stellen quj-argha
sterben ül-ärgä

Stil (Architekt.) stil
Stimme tow^{y}sch
Stoff tuq^{y}ma
stören q^{u}mach'awla-rgha
Strafe schtraf
Strand plasch
Straße uram
Straßenbahn tramvaj
Streichhölzer sch'^{y}rp^{y}
streiten bächäsläsch-^{e}rgä
Stück kisäk
Student student
Stunde säghät
suchen ^{e}zlä-rgä
Süden k^{ü}njaq
Summe s$_{u}$ma
Suppe osch
süß totl^{y}

T

Tabak tämäk^{e}
Tablette tabl$_{e}$tka
Tag k^{u}n
täglich k^{u}n soj^{y}n
Tal üzän, üzänl^{e}k
Tankstelle AZS (a-ze-es)
Tante opa
tanzen bij^{e}-rgä
Tasche buqch'a, s$_{u}$mka
Taxi taksi
Telefon telefon

telefonieren scholt^{y}rat-^{y}rgha
Telegramm telegr$_{a}$ma
teuer qyjbat
Theater teatr
tief tirän
Tier chojwan
Tochter q^{y}z
Tod ül^{e}m
Toilette tualet
Toilettenpapier tualet käghäz^{e}
tot ül^{e}
töten üt^{e}r-^{e}rgä
Tradition trad$_{i}$tsija
tragen j^{ü}rt-^{e}rgä
traurig qojgh^{y}l^{y}
treffen ^{u}ch'rasch-^{y}rgha
Treppe bosq^{y}ch'
trinken ^{e}ch'-ärgä
Trinkgeld ch'äjl^{e}k
trocken q^{u}r^{u}
tschüss chäz^{e}rgä chusch
tun ^{e}schlä-rgä
Tür isch^{e}k
Turm b$_{a}$schnja, monara

U

üben, sich ^{ü}jrän-^{e}rgä
über (örtl.) ^{ü}st^{ü}ndä
über (zeitl.) ...dan
über (zeitl.) ...dan/ ...dän/...nan/...nän (Endung, GLH!)

Wörterliste Deutsch – Tatarisch

überall härqojda
übermorgen berseküngä
übersetzen (Sprache) tärsh'emä it-ärgä
Übersetzer tärsh'emäch'e, tylmach'
Überweisung perevod
übrig qolghan, boschqa
Uhr säghät
um (Zeit) säghät ...da
um zu ... üch'ün
Umgebung äjlänä-tirä
Umleitung urau jul
umtauschen olmaschtyr-yrgha
Umweg urau jul
Umwelt ch'ulghanysch
unbekannt tonysch bulmaghan
und häm
Unfall bächetsezlek
Universität universitet
unschuldig jozyqsyz
unser/e bezneng, bezneke
unten osta
unter ostyna, ostynda
Unterhaltung änggämä
Unterkunft syjynyr uryn
unterrichten (lehren) üjrät-ergä

unterschreiben imza quj-argha
Urlaub otpusk, jol

V

Valuta, Devisen valuta
Vater äti, ota
verabreden, sich kilesch-ergä
Verabredung kileschü
verabschieden, sich sowbullasch-yrgha
verboten (sein) tyjyla
Verbrechen sh'inäjät
verdienen eschläp tob-argha
vergessen unut-yrgha
vergnügen, sich küngel och'-argha
verirren, sich odasch-yrgha
verkaufen sot-argha
verleihen (an) burch'qa bir-ergä
verletzt joraly
Verletzung jora
verlieben, sich ghoschyjq bul-yrgha
verlieren (Dinge) jughalt-yrgha
vermieten birep tyr-yrgha
Vermittlung oradaschlyq

Versicherung strachovkalaw
verspäten, sich kich'eg-ergä
verstehen tüschün-ergä, ongla-rgha
versuchen qora-rgha, tyrysch-yrgha
viel küp
vielleicht bälki, ichtimal
Vogel qusch
Volk cholyq, il
voll tuly
von ...dan/...dän/...nan/...nän (Endung, GLH!)
vor oldyna, oldynda
vorbereiten äzerlä-rgä
vorgestern üch'ünch'e kün
vorher oldan, oldan uq
Vormittag tüsch oldynda
Vorname isem
vorne olda, oldan
vorschlagen täqdim it-ärgä
vorstellen (Imagination) küz oldyna kiter-ergä
vorstellen, sich tonysch-yrgha
Vorwahlnummer telefon kody

Wörterliste Deutsch – Tatarisch

W

Wagen moschina
wahr ch'yn
während bujyna, bujynch'a
Wald urman
Wand stena
wandern jür-ürgä
wann qojch'an
Ware tovar
warm sh'yly
warten küt-ärgä
warum nigä, ni üch'ün, nik, nischläp
was närsä, ni
waschen ju(w)argha
Wasser su
Watte momyq
wechseln olmaschtyr-yrgha
wecken ujat-yrgha
Weg jul
wegen kürä
weiblich chotyn-qyz(lar) ...y
weil ch'ünki
weinen jyla-rgha
weit jyraq, jyraqtaghy
welcher nindi, qojsy

wenig oz, äz
wenn (als) ch'oqta, woqytta
wenn (falls) ägär
wer kem
werden bul-yrgha
wessen kemneke, kemneng
Westen künbotysch
Wetter howa
wichtig mühim, ähämijätle
wie nich'ek; kebek
wie viel nich'ä
wieder jongadan, toghyn
wiederholen qobatla-rgha
Wind sh'il
wir bez
wissen bel-ergä
wo qojda
Woche otna
woher qojdan, qojan
wohin qoja
wohnen jäschä-rgä
Wohnung kvartir(a), üj
wollen telä-rgä
Wort süz
Wörterbuch süzlek

Wunde jora
wünschen telä-rgä

Z

zahlen tül-ärgä
Zahnarzt tesch vratschy
Zahnpasta tesch ch'istartu pastasy
zeigen kürsät-ergä
Zeit woqyt, zoman
Zeitung gazeta
Zelt palatka, ch'otyr
Zentrum üzek
Zigarette sigaret
Zimmer bülmä
Zoll poschlina; tamoshnja
zu (+Adjektiv) ghojät
zu Fuß sh'äjäw
zu viel ch'iktän tysch
zufrieden qonäghät
Zug pojest
zurück ortqa
zusammen bergä, bergäläp
zwischen orasyna, orasynda

jüz sh'itmesch tughyz | 179

Wörterliste Tatarisch – Deutsch

A

- **ä** aber
- **äch'ᵉ** sauer
- **ädäplᵉ** höflich
- **adres** Adresse
- **aeroport** Flughafen
- **äfändᵉ** Herr
- **ägär** wenn (falls)
- **ähämijätlᵉ** wichtig
- **äjbät** gut
- **äjbäträk** besser
- **äjbᵉr** Ding
- **äjjᵉ** ja
- **äjlänä-tirä** Umgebung
- **äjtᵉlᵉsch** Aussprache
- **äjt-ᵉrgä** sagen
- **äkrᵉn** langsam
- **akumulator** Batterie
- **alkogol** Alkohol
- **ällä** oder
- **ämma** aber
- **änggämä** Unterhaltung
- **äni** Mutter
- **apteka** Apotheke
- **äti** Vater
- **avarija** Panne
- **Avstrija** Österreich
- **Avstrija chotʸnʸ** Österreicherin
- **avstrijalᵉ** Österreicher
- **awtobus** Bus
- **äz** wenig
- **äz gᵉnä** bisschen
- **äzᵉr** fertig
- **äzᵉrlä-rgä** vorbereiten
- **AZS (a-ze-es)** Tankstelle

B

- **bächäsläsch-ᵉrgä** streiten
- **bächᵉt** Glück
- **bächᵉtlᵉ** glücklich
- **bächᵉtsᵉzlᵉk** Unfall
- **bagasch** Gepäck
- **bäjä** Preis
- **bäjläwich'** Binde
- **bäjräm** Feier, Fest
- **bäjräm it-ärgä** feiern
- **bäläkäj** klein
- **bälki** vielleicht
- **banderol** Päckchen
- **bank** Bank (Geld)
- **bär-ᵉrgä** schlagen
- **baschnja** Turm
- **batareja** Batterie
- **bᵉlän** mit
- **bᵉldᵉr-ᵉrgä** benachrichtigen
- **bᵉl-ᵉrgä** kennen, wissen
- **bᵉlᵉsch-ᵉrgä** sich informieren
- **bᵉlᵉschmä** Auskunft
- **benzin** Benzin
- **bᵉr märtäbä toghʸn** noch einmal
- **bᵉr üzᵉ** allein
- **bᵉraz** bisschen
- **bᵉr-bᵉrsᵉn** einander
- **bᵉrgä** zusammen
- **bᵉrgäläp** zusammen
- **bᵉrkᵉm dä** niemand
- **bᵉrkojch'an da** niemals
- **bᵉrnich'ä** paar, einige
- **bᵉrsᵉkᵉngä** übermorgen
- **bᵉrwoqʸt** einmal
- **betᵉr-ᵉrgä** beenden
- **bᵉz** wir
- **bᵉznᵉkᵉ** unser/e
- **bᵉznᵉng** unser/e
- **bijᵉk** hoch
- **bijᵉ-rgä** tanzen
- **bik jochschʸ** ausgezeichnet
- **bilet** Fahrkarte
- **bilet choqʸ** Fahrpreis
- **bina** Gebäude; Raum
- **birᵉdä** hier
- **birᵉp tᵘr-ᵘrgha** vermieten
- **bir-ᵉrgä** geben
- **bizäk** Schmuck
- **bjuro** Büro
- **blank** Formular
- **boj** reich
- **bola** Kind
- **bolnitsa** Krankenhaus

180 | jᵘz siksän

Wörterliste Tatarisch – Deutsch

bolʸq Fisch
boqch'a Garten
bor bul-ʸrgha haben
borlʸq ganz
bormaq Finger
boru Besuch
bor-ʸrgha fahren, gehen, besuchen
borʸsʸ alles
boschlan-ʸrgha anfangen
boschla-rgha anfangen
boschlʸq Chef
boschqa übrig
boschqa woqʸtta nächstes Mal
boschynda auf
bosqʸch' Treppe
bosu Feld
botinka Schuh
bozar Markt
bronirovat it-ärgä buchen, reservieren
bu dies
bügᵉn heute
bujlʸ hoch
büjᵘk groß
bujʸna während
bujʸnch'a während
bujʸnda auf
buksirla-rgha abschleppen
bᵘlaj so
büläk Geschenk
bülmä Zimmer

bulu Aufenthalt
bul-ʸrgha sein; werden
bulʸsch-ʸrgha helfen
buqch'a Tasche
burʸch'lʸ schuldig
burʸch'qa bir-ᵉrgä verleihen (an)
burʸch'qa ol-ʸrgha sich leihen (von)
busch leer, frei
büsh'äk Insekt
bᵘtᵘn ganz
bᵘtᵘnᵉsᵉ alles

CH

ch'äjlᵉk Trinkgeld
ch'änᵉch'kᵉ Gabel
ch'ᵉregän faul (Obst)
ch'ᵉrek faul (Obst)
ch'i roh
ch'ibär schön
ch'ik Grenze
ch'iktän tʸsch zu viel
ch'irkäw Kirche
ch'ista sauber
ch'it fremd
ch'itᵉn schwierig (nicht einfach)
ch'omasʸ etwa
ch'oqta wenn (als)
ch'oqʸr-ʸrgha rufen, schreien
ch'otʸr Zelt
ch'ᵘlghanʸsch Umwelt
ch'ᵘnki weil

ch'üp Müll
ch'ʸn natürlich (nicht künstl.)
ch'ʸn wahr
chäbär Nachricht
ch'äch'äk Blume
chäl Lage (geogr.)
chärᵉf Buchstabe
chätᵉrlä-rgä sich merken/erinnern
chätlᵉ bis
chäzᵉr jetzt
chäzᵉr ük sofort
chäzᵉrgä chusch tschüss
chᵉzmätkär Angestellte(r)
chis Gefühl
chis it-ärgä fühlen
chisapla-rgha rechnen
ch'ischᵉn-ᵉrgä sich ausziehen
ch'it ausländisch
ch'it il kᵉschᵉsᵉ Ausländer
ch'it il(lär) Ausland
chojwan Tier
cholʸq Leute, Volk
cholʸqara international
choq Preis
ch'oqlʸ bis
choqʸru Einladung
ch'oqʸr-ʸrgha einladen
chot Brief
chota Fehler
chotʸn Frau, Ehefrau

jᵘz siksän bᵉr | **181**

A-Z Wörterliste Tatarisch – Deutsch

chot^{y}n-q^{y}z(lar) ...^{y} weiblich
ch^{u}quq Recht
chush'a Gastgeber, Besitzer
ch^{u}susyj privat
chuwar bunt
ch'^{y}ghu ur^{y}n^y Ausgang
ch'^{y}n echt

D

da/dä auch
...da/-dä (Endung, GLH!) bei, in (örtlich)
dälil Beweis
...dan/...dän/...nan/...nän (Endung, GLH!) aus, seit, von, in (zeitlich), über (zeitl.)
data Datum
däw groß
däwala-rgha behandeln
däwam it-ärgä dauern
dialekt Dialekt
dij-ärgä sagen
dingg^{e}z Meer
dip dass, damit
dokument Dokument(e)
d^{u}r^{u}s richtig, pünktlich
dus Freund(in)
dusl^{y}q Freundschaft
dust^{y}m mein Freund
d^{y}ml^y feucht, nass

E

^{e}ch' kitü Durchfall
^{e}ch'-ärgä trinken
^{e}ch'^{e}ml^{e}k Getränk
^{e}ch'äs^{e}m kilä ich habe Durst
^{e}fäk Seide
ekskursija Führung
eksport Ausfuhr
^{e}l^{e}k bis
^{e}nä Nadel
^{e}n^e jüngerer Bruder
^{e}r^e groß
^{e}r^{e}n Eiter
^{e}sch Geschäft (Tätigkeit)
^{e}sch choq^y Lohn, Gehalt
^{e}schch'^{e} Arbeiter
^{e}schch'^{e} chot^{y}n Arbeiterin
^{e}schlämi kaputt
^{e}schläp tob-argha verdienen
^{e}schlä-rgä tun, arbeiten
^{e}ss^e heiß
^{e}zlä-rgä suchen

F

fabrika Fabrik
familija Familienname
fikirlä-rgä denken
folklor Folklore
formular Formular
fotoaparat Fotoapparat
fotografija Fotografie

G

...gha (4. Fall) nach (Richtung)
...gha qädär bevor
...ghach'/-gäch' (Endung, GLH!) als (zeitlich)
gaz Gas
gazeta Zeitung
g^{e}nä nur
Germanija Deutschland
ghädätlän-^{e}rgä sich gewöhnen
ghämäl Geschäft (Tätigkeit)
ghodi einfach
ghofu üt^{e}n-^{e}rgä sich entschuldigen
ghoilä Familie
ghojät zu (+Adjektiv)
ghoschyjq bul-^{y}rgha sich verlieben
gh^{u}m^{e}r Leben
ghyjsch'^{y}q uj^{y}n^y ujna-rgha flirten
gh^{y}na nur
gigijena Hygiene
gostinitsa Hotel
gram Gramm

Wörterliste Tatarisch – Deutsch

gramatika Grammatik
grashdanin (Staats-)Bürger
grashdanl^yq Staatsangehörigkeit
grip Grippe
grupa Gruppe
g^ül Blume
güzäl schön

H

häjkäl Denkmal
häm und
här jeder
här j^yl jährlich
härb^er jeder
härch'aq jedesmal
härqojda überall
härwaq^yt immer
härwoq^yt jedesmal
hich'närsä nichts
hich'qoja nirgendwohin
hich'qojda nirgendwo
howa Wetter
h^unär Beruf

I

ichtimal vielleicht, sicher
ikmäk Brot
il Volk, Land
ilch'^el^ek Botschaft (dipl.)
imch'äk Brust (weibl.)
import Einfuhr
imza quj-argha unterschreiben
inä Nadel
ind^e schon
informatsija Information
ingliz(ch'ä) englisch
ipi Brot
ir Ehemann
ir k^esch^e Mann
ir^ekl^e frei
irl^e-chot^ynl^y Ehepaar
irtä früh; Morgen
irtägä morgen
irtäng^e osch Frühstück
irtäng^e osch oscha-rgha frühstücken
isän gesund
isänläsch-^ergä sich grüßen
isänl^ek Gesundheit
isän-sow Gesundheit
isch^ek Tür
isch^et-^ergä hören
is^em (Vor-)Name
is^er^ek betrunken
isk^e alt (nicht neu)
istäl^ekl^e büläk Andenken
it Fleisch
it-ärgä machen

J

jäisä oder
järdäm Hilfe
jäsch jung; (Lebens-)Alter
jäschä-rgä leben, wohnen
jäsch^elch'ä Gemüse
jäsch^enl^e jonggh^yr Gewitter
jo oder
jochsch^y gut
jochsch^yraq besser
jofraq Blatt
jol Urlaub
jol it-ärgä sich erholen
jolanghach' nackt
jolghanla-rgha lügen
jolgh^ysch falsch; Fehler
jolqaw faul (träge)
jon-argha brennen
jonga neu
jongadan wieder
jongghy^r Regen
jongh^yn Brand
jon^ynda neben, bei
joq Seite (Richtung), Gegend
joqt^y hell; Licht
joq^yn nah
jora Verletzung, Wunde
joral^y verletzt
joraql^y gültig

Wörterliste Tatarisch – Deutsch

jor-argha sitzen, passen (Kleidung)
jorat-ʸrgha lieben
jorlʸ arm
jortʸ Hälfte
josa-rgha machen
jot fremd
jot-argha liegen
joz Frühling
joz-argha schreiben
jozʸqsʸz unschuldig
ju(w)-argha waschen
jughalt-ʸrgha verlieren (Dinge)
jugharʸ hoch
jügür-ᵉrgä laufen, rennen
jüjᵉsch nass
jüklü schwanger
jul Weg
jᵘla Brauch
jülär dumm
jᵘmʸrqa Ei
jᵘmʸsch Sache, Bitte
jünälᵉsch Richtung
juq nein
jᵘqla-rgha schlafen
jᵘqlaw qopchʸʸghʸ Schlafsack
jᵘqᵘ bülmäsᵉ Schlafzimmer
jurghan Decke (Bett-)
jᵘrt Gebäude; Raum, Haus
jᵘrt chush'asʸ Gastgeber, Hausfrau

jᵘrt-ᵉrgä tragen
jᵘr-ᵘrgä fahren, gehen, spazieren gehen, wandern
juwan dick
jᵘz-ärgä schwimmen
jʸl Jahr
jʸla-rgha weinen
jʸlgha Fluss
jʸlmaj-ʸrgha lächeln
jʸraq fern, weit
jʸraqtaghʸ weit
jʸsch oft

K

kafe Gaststätte
käghäz Parier
kanat Seil
kanikul Ferien
karandasch Bleistift
karta Karte, Landkarte
kartotschkagha tᵘschᵘr-ᵉrgä fotografieren
kassa Kasse
kater Motorboot
kᵉbek als (Vergleich), wie
kᵉch'kᵉnä klein
kᵉm wer
kᵉmdᵉr jemand
kᵉmnᵉkᵉ wessen
kᵉmnᵉng wessen
kᵉr-ᵉrgä einsteigen, eintreten

kᵉrü urnʸ Eingang
kᵉsche Mensch, Person
kᵉschelär Leute
ki dass
kibᵉt Geschäft (Laden)
kich' Abend
kich'ä gestern
kich'ᵉg-ᵉrgä sich verspäten
kich'kᵉ osch Abendessen
kijäwdä tügᵉl ledig (Frau)
kijᵉm-solʸn Kleidung
kil-ᵉrgä kommen, ankommen, besuchen
kilᵉsch-ᵉrgä sich verabreden
kilᵉschü Verabredung
kilü Ankunft, Besuch
kinät plötzlich
king breit
kingäsch Rat
kingäsch it-ärgä empfehlen
kino Kino
kiräk man braucht; notwendig
kirᵉ qojtu julʸ Rückfahrt
kirük man soll
kisäk Stück
kitap Buch
kit-ärgä gehen, abfahren, abreisen
kitᵉr-ᵉrgä bringen

Wörterliste Tatarisch – Deutsch

kitü Ausreise
konsull'q Konsulat
kontsert Konzert
konvert Briefumschlag
korabl Schiff
krestjan Bauer
kübräk mehr
küch'l'u stark
küj Lied
küjmä Boot
kül See (der)
kül-ürgä lachen (über)
kümänl'e schwanger
kümüsch Silber
kün Tag
kün soj'n täglich
kün urtas' Mittag
künbot'sch Westen
küngel och'-argha sich vergnügen
küngelle lustig
küngels'ez langweilig
künjaq Süden
künsch'gh'sch Osten
küp viel
küp'er Brücke
küpräk (tüsch) Brust(-korb)
kürä wegen
kür'en'ekl'e ur'n Sehenswürdigkeit
kür-'ergä sehen
kürgäzmä Ausstellung
kürsät-'ergä zeigen
kütär-'ergä heben
küt-ärgä warten
küz Herbst
küz old'na kit'er-'ergä vorstellen (Imagination)
küzl'ek Brille
kvartir(a) Wohnung

L

läkin aber
lampa Lampe
lgota Ermäßigung

M

mäjdan Platz (Stadt)
mäktäp Schule
märchämätl'e herzlich
marka Briefmarke
maz Salbe
medikament Medikament
mendär t'sch' häm sh'äjmä Bettzeug
menju Speisekarte
mil'ek Eigentum
militsija Polizei
millät Nationalität
min ich
min'em mein/e
minut Minute
miqdar Menge, Quantität
misal Beispiel
moda Mode
moj Butter; Öl; Salbe
molaj Junge, Sohn
mom'q Watte
monara Turm
moroshnyj Eis
moschina Auto, Fahrzeug; Wagen
motor Motor
motorl' küjmä Motorboot
mototsikl Motorrad
motur schön
mühim wichtig
mümkin man darf; möglich
munda hier
mundyj solch(e/er/es)
muzej Museum
muzyka Musik
...m'/-m'e (Endung, GLH!) ob

N

närsä Ding; was
närsäd'er etwas
natschalnik Chef
n'ech'kä dünn
nemets deutsch; Deutsche(r)
ni was
ni üch'ün warum
nich'ä wie viel
nich'ek wie
nigä warum
nik warum
nindi welcher

Wörterliste Tatarisch – Deutsch

nischläp warum
noch'ar schlecht
nomer Nummer
normal normal

O

obyj Onkel, älterer Bruder
och' hungrig
och'-argha öffnen
och'q^{y}ch' Schlüssel
och'^{y}q j^{ü}zl^ü freundlich
och^{y}r Ende
odasch-^{y}rgha sich verirren
odejal (Bett-)Decke
oghach' Holz; Baum
oghu Gift
oghul^y j^{y}lan Giftschlange
oj Monat
ojaq Fuß
ojaz hell
olaj so
olar sie (Mz)
olarn^{y}ng ihr/e (Mz)
olda(n) vorne
oldan vorher
oldan uq vorher
olda-rgha betrügen
old^{y}na vor
old^{y}nda vor
Olla Gott
olmascht^{y}r-^{y}rgha umtauschen, wechseln

olt^{y}n Gold
ol^{y}p t^{ü}r-^{y}rgha mieten
ol-^{y}rgha erhalten, können, nehmen
ona Mutter
onda dort, dorthin
ondyj solch(e/er/es)
ongla-rgha verstehen
onglat-^{y}rgha erklären
onnan dann
onnan s^{u}ng dann, danach
onnar^y danach
on^{y}ng ihr/e (Ez), sein/e
opa Tante; ältere Schwester
oq moj Butter
oqch'a Geld
oq^{y}ll^y klug
oradaschl^{y}q Vermittlung
oraq^y Schnaps
oras^{y}na zwischen
oras^{y}nda zwischen
organ Organ
orq^{y}l^y durch
ortqa zurück
ortta hinten
ort^{y}na hinter
ort^{y}nda hinter
ort^{y}q mehr
or^{y}ghan müde
orzan billig
osch Suppe
oscha durch
oschaml^{y}q Speise

oschap qora-rgha kosten (probieren)
oscha-rgha essen
osch^{y}gh^{y}ch' dringend
osch^{y}gh^{y}ch' järdäm moschinas^y Rettungswagen
osch^{y}gh-^{y}rghä sich beeilen
osta unten
ost^{y}na unter
ost^{y}nda unter
ota Vater
ota-ona(lar) Eltern
otaql^y berühmt
ot-argha schießen
otkrytka Postkarte
otna Woche
otpusk Urlaub
ow^{y}l Dorf
ow^{y}l chush'al^{y}gh^y Landwirtschaft
ow^{y}r schwierig (nicht einfach), schwer (nicht leicht)
ow^{y}rl^{y}q Gewicht
ow^{y}rtu Schmerz
ow^{y}rt-^{y}rgha schmerzen
ow^{y}ru krank; Krankheit
oz wenig
oz gh^{y}na bisschen
ozat frei
oz^{y}q-t^{u}l^{ü}k Lebensmittel

Wörterliste Tatarisch – Deutsch

P

palatka Zelt
par Paar
parom Fähre
pasport Pass
patsijent Patient
pejzasch Landschaft
perevod Überweisung
pescher-ergä kochen
petschenje Gebäck
plan Plan
plasch Strand
plastinka Schallplatte
plastyr Heftpflaster
platforma Bahnsteig
platskart Platzkarte
plavki Badehose
plonka Film
pojest Zug
pokryschka Reifen
politika Politik
port Hafen
poschlina Gebühr, Zoll
posylka Paket
potschta Post(amt)
prezervativ Kondom
problema Problem
programa Programm
promyschlenost Industrie
prospekt Prospekt
prostynja Laken
pych'aq Messer
pych'raq schmutzig
pyjala Glas (Material)

Q

qädär bis
qäläm Bleistift
qobatla-rgha wiederholen
qobul it-ärgä empfangen
qoja wohin
qojan woher
qojch'an wann
qojch'aq manchmal
qojch'y Schere
qojda wo
qojdan woher
qojghyly traurig
qojnar heiß
qojsy welcher
qojt-yrgha kommen
qola Stadt
qolaq Löffel
qolghan übrig
qol-yrgha bleiben
qonäghät zufrieden
qorangghy dunkel
qorap ch'ygħu besichtigen
qorar it-ärgä entscheiden
qora-rgha versuchen
qorawat Bett
qorschy gegen, gegenüber
qort alt (nicht jung); Alte(r)
qort kesche Alte(r)
qoschyq Löffel
qot Etage
qotlawly kompliziert
qoty fest, hart; laut
quj-argha stellen, legen, bauen
qujasch Sonne
qujunu kostjumy Badeanzug
qujun-yrgha baden
qulda bulghan oqch'a Bargeld
qum Sand
qumach'awla-rgha stören
qunaq Gast
qunaqch'ylly'q Gastfreundschaft
qunaqchänä Hotel
qurqu Angst
qurqynych' gefährlich
qurq-yrgha sich fürchten
quru trocken
qusch Vogel
qutla-rgha gratulieren
qyjbat teuer
qylt plötzlich
qyr Feld
qysch Winter
qysqa kurz
qyz Mädchen, Tochter; Fräulein
qyzu Fieber
qyzyq interessant
qyzyqly interessant

Wörterliste Tatarisch – Deutsch

qʏzʸqsʸnuch'an neugierig
qʏzʸqsʸn-ʸrgha sich interessieren

R

rächätlänᵉp gern
rächmät danke
rächmät bᵉldᵉr-ᵉrgä danken
radio Radiogerät
räsᵉm Bild
räsᵉm josa-rgha malen
raspisanije Fahrplan
restoran Restaurant, Gaststätte
riza einverstanden
rjukzak Rucksack
rᵘchsät Erlaubnis
rᵘchsät it-ärgä erlauben

S

säghät Stunde, Uhr
säghät …da um (Zeit)
säjächät Reise
säjächät it-ärgä reisen
sälämät gesund
sälämätlᵉk Gesundheit
sälämlä-rgä begrüßen, grüßen
samolot Flugzeug
samolot biletʸ Flugticket
sänghät Kunst
sänghät äjbᵉrläre kunstgewerbl. Waren
säwdä Handel
sekund Sekunde
sᵉngᵉl jüngere Schwester
Sᵉz Sie
sᵉznᵉng euer/e
Sᵉznᵉng Ihr/e
sezon Jahreszeit
sigaret Zigarette
sin du
sinᵉng dein/e
siräk selten
sobʸn Seife
sof sauber, frisch (Obst)
solqʸn kalt
solqʸn tidᵉr-ᵉrgä erkältet sein
solqʸnch'a kühl
sol-ʸrgha legen, impfen
son Menge, Quantität, Nummer
sona-rgha rechnen
soq tᵘt-argha sparen
soraj Palast
sot-argha verkaufen
sotulasch-ʸrgha feilschen
sotʸp ol-ʸrgha kaufen
sow gesund
sowbullasch-ʸrgha sich verabschieden
sowʸt Gefäß
sport Sport
stakan Glas (Trink-)
stena Wand
stil Stil (Architekt.)
STO Autowerkstatt
strachovkalaw Versicherung
stschot Rechnung
student Student
su Wasser
su qᵘjᵘn-ʸrgha baden
sugh-argha schlagen
sᵘjlä-rgä erzählen
sᵘjläsch-ᵉrgä reden, sprechen
sᵘjläschü Gespräch
sᵘjläw Geschichte (Erzählung)
sulda links
sulgha links
suma Summe
sumka Tasche
sᵘng nach (Zeit)
sᵘng spät
sᵘra-rgha fragen, bitten
sᵘrasch-ʸrgha sich informieren
sᵘraw Frage
suwʸq kalt
suwʸtqʸch' Kühlschrank
sᵘz Wort
süzlᵉk Wörterbuch
syjfat Qualität
sʸjʸnʸr urʸn Unterkunft
sʸra Bier

Wörterliste Tatarisch – Deutsch

s^{y}rachänä Kneipe
...s^{y}z/-s^{e}z (Endung, GLH!) ohne

SCH

schäch^{e}s Person
schähär Stadt
schäp gut
sch^{e}schä Flasche
schifachänä Krankenhaus
schik^{e}ll^e als (Vergleich)
schofjor Chauffeur
scholt^{y}rat-^{y}rgha telefonieren
schoqtyj genug
schot lustig, fröhlich
schotlan-^{y}rgha sich freuen
schprits Spritze
schtraf Strafe
schtraf sol-^{y}rgha bestrafen
schul diese(r, -s), jener
schul woq^{y}tta da
schulaj so
schulaj uq auch
schulchätl^e so
schunda da
schundyj solch(e/er/es)
schunl^{y}qtan darum, deshalb
schusch^y dies(e/er/es)
Schvejtsarija Schweiz

Schvejtsarija chot^{y}n^y Schweizerin
schvejtsarijal^e Schweizer
sch^{y}rp^y Streichhölzer

SH

sh'äj Sommer
sh'äjäw zu Fuß
sh'äjmä Laken
sh'^{e}p Faden
sh'ibär-^{e}rgä schicken, senden
sh'il Wind
sh'iläk-sh'im^{e}sch Obst
sh'im^{e}sch Frucht
sh'inäjät Verbrechen
sh'ing^{e}l leicht (nicht schwer)
sh'ir Gegend
sh'itärl^{e}k genug
sh'itt^e genug
sh'ojl^y gemütlich
sh'^{ü}mlä Satz (Grammatik)
sh'yj-argha sammeln
sh'^{y}j^{y}scht^{y}r-^{y}rgha sauber machen
sh'^{y}l^y warm
sh'^{y}r Lied
sh'^{y}rla-rgha singen
shaloba bir-^{e}rgä sich beschweren
shar Fieber
sh'awap Antwort

sh'awap bir-^{e}rgä antworten
sh'ir Erde
shomgh^{y}jät Gesellschaft
shurnalist Journalist

T / TSCH

täbänäk niedrig
täbib Arzt
tabletka Tablette
täbriklä-rgä gratulieren
taksi Taxi
tämäk^e Tabak
tämäk^e tort-^{y}rgha rauchen
tämamla-rgha beenden
tämlätk^{e}ch' Gewürz
täml^e schmackhaft
tamoshnja Zoll
tänäf^{e}s Pause
täqdim it-ärgä vorschlagen
täräzä Fenster
tärsh'^{e}mä it-ärgä übersetzen (Sprache)
tärsh'^{e}mäch'^{e} Übersetzer, Dolmetscher
teatr Theater
t^{e}g^e jener
t^{e}g^{e}ndä dort, dorthin
t^{e}l Sprache

Wörterliste Tatarisch – Deutsch

t[e]lä-rgä wollen, wünschen
telefon Telefon
telefon kod[y] Vorwahlnummer
telegrama Telegramm
televizor Fernsehgerät
t[e]rkä-rgä registrieren
t[e]sch ch'istartu pastas[y] Zahnpasta
t[e]sch vratsch[y] Zahnarzt
tij[e]sch müssen
tikscher-[e]rgä kontrollieren
tim[e]r jul Eisenbahn
tirän tief
tirlä-rgä schwitzen
tisch[e]k Loch
tiz schnell
tizdän bald
tob-argha finden
tobighät Natur
togh[y] noch
togh[y]n wieder, noch
ton[y]ql[y]q Ausweis
ton[y]sch bulmaghan unbekannt
ton[y]sch-[y]rgha sich bekanntmachen/vorstellen
toqtal[y]sch Haltestelle
tor eng
torich Geschichte (Historie)
tosch Stein
totl[y] süß
tovar Ware
tow Berg
towlar Gebirge
tow[y]sch Stimme
toza gesund, stark
traditsija Tradition
tramvaj Straßenbahn
tros Seil
tschek Scheck
tschemodan Koffer
tualet Toilette
tualet käghäz[e] Toilettenpapier
tübä Dach
t[ü]gäl genau; pünktlich
tüg[e]l nicht
tughan k[ü]n Geburtstag
tuj Hochzeit
tülä-rgä (be)zahlen
tüläws[e]z kostenlos
tul[y] voll
t[ü]n Nacht
tund[y]rma Eis
tung-argha frieren
t[ü]njaq Norden
tuq satt
tuqta-rgha anhalten, aufhören
tuqtat-[y]rgha anhalten, aufhören
tuq[y]ma Stoff
turistlar bjuros[y] Reisebüro
t[ü]rk[ü]m Gruppe
t[u]rm[u]sch Leben
t[u]ru Aufenthalt
t[u]ruch'[y] Einwohner
t[u]r-[u]rgha stehen, aufstehen; kosten (Preis)
tur-gha geradeaus
t[ü]s Farbe
t[ü]sch Mittag
t[ü]sch old[y]nda Vormittag
t[ü]sch-ärgä aussteigen
t[ü]schk[ü] osch Mittagessen
t[ü]schtän s[u]ng Nachmittag
t[ü]sch[ü]n-[e]rgä verstehen
t[ü]sl[ü] plonka Farbfilm
t[u]t-argha halten (in der Hand)
t[u]z Salz
t[ü]zät-[e]rgä reparieren
t[ü]z-[ü]rgä bauen
t[y]j[y]la verboten (sein)
t[y]lmach' Übersetzer
t[y]ngla-rgha hören
t[y]n[y]ch'[y]q Frieden, Ruhe
t[y]qr[y]q Gasse
t[y]r[y]schqan fleißig
t[y]r[y]sch-[y]rgha versuchen

U / Ü

üb-ärgä küssen
[u]ch'l[u] scharf
[u]ch'rasch-[y]rgha treffen

Wörterliste Tatarisch – Deutsch

ᵘch'ᵘn für, um zu …
ᵘch'ᵘnch'ᵉ kᵘn vorgestern
ᵘch'-argha fliegen
ᵘch'ᵘn damit
ᵘch'ᵘp kit-ärgä abfliegen
ᵘj Haus, Wohnung
ujan-ʸrgha aufwachen
ujat-ʸrgha wecken
ᵘjlänmägän ledig (Mann)
ujla-rgha denken
ujna-rga spielen
ᵘjrän-ᵉrgä lernen, sich üben; unterrichten (lehren)
ᵘjᵘghan fertig
ᵘjᵘschtʸr-ʸrgha organisieren
ujʸnch'ʸq Spielzeug
ul er, sie (Ez), jener; Sohn
ul ch'oqta dann
ülän Gras
ül-ärgä sterben
ülch'äm Größe (Kleidung u. ä,)
ülᵉ tot
ülᵉk Eiter
ülᵉm Tod
ᵘlgᵘrgän reif
ungajlʸ gemütlich
ungda rechts
ungʸsch Erfolg
universitet Universität

ᵘnᵘq Enkel
ᵘnᵘqa Enkelin
ᵘnᵘt-ʸrgha vergessen
üpkälät-ᵉrgä beleidigen
uqʸ-rgha lesen
uqʸtuchʸ Lehrer(in)
uram Straße
urau jul Umleitung, Umweg
urlaw Diebstahl
urman Wald
ᵘrttaghʸ rückständig
urʸn Ort, Stelle, (Sitz-)Platz
ᵘscha-rgha gefallen
üsᵉmlᵉk Pflanze
üsᵉmlᵉk mojʸ Öl
ᵘstä oben
ᵘstᵘndä über (örtl.)
ut Feuer, Licht
ütᵉnᵉch' Bitte
ütᵉn-ᵉrgä bitten
ütᵉr-ᵉrgä töten
ütkᵉn scharf
utraw Insel
utschreshdenije Behörde
utʸr-ʸrgha sitzen, sich setzen
üz selbst
üzän Tal
üzänlᵉk Tal
ᵘzaq lang(e) (Zeit)
ᵘzat-ʸrgha begleiten
üzᵉk Zentrum

ᵘzᵘn hoch, lang (Entfernung)

V

valuta Valuta, Devisen
vannyj Badezimmer
velosiped Fahrrad
vokzal Bahnhof
vratsch Arzt

W

woq klein
woqyjgha Ereignis
woqʸt Zeit
woqʸtta wenn (als)
wotʸp och'u Einbruch

Y / Z

ʸschan-ʸrgha glauben, hoffen
zakaz Bestellung
zakaz bir-ᵉrgä bestellen
zakon Gesetz
zakonlʸ gültig
zamok Burg, Schloss
zapas tschastlär Ersatzteil
zindan Gefängnis
zoman Zeit
zontik Regenschirm
zur groß

Der Autor

Michael Korotkow, Diplom-Physikingenieur, Jahrgang 1948, wohnt und arbeitet zurzeit in Sibirien, Russland. Dieser Wohnsitz und seine Hobbys (Reisen, Nationalkulturen, Sprachen, Journalismus) erklären sein Interesse zur tatarischen Sprache und Kultur, da er in Sibirien ständig umgeben von Tataren lebt. Oft nimmt er an kulturellen und festlichen Ereignissen der tatarischen Gemeinde in der Region teil, und veröffentlicht darüber auch Artikel.

Als Globetrotter hat er viele Länder besucht und viele Sprachen erlernt, als Freizeitjournalist zwei Bücher und viele Artikel in verschiedenen Ländern veröffentlicht. Besonders interessiert er sich für Asien.